STAMPED

EL RACISMO, EL ANTIRRACISMO Y TÚ

STAMPED

EL RACISMO, EL ANTIRRACISMO Y TÚ

JASON REYNOLDS

Prólogo de **IBRAM X. KENDI**

Adaptación de la obra ganadora
del National Book Award

Stamped from the Beginning
The Definitive History of Racist Ideas in America

(Marcados al nacer: La historia definitiva de
las ideas racistas en Estados Unidos)
de

IBRAM X. KENDI

VINTAGE ESPAÑOL

Penguin
Random House
Grupo Editorial

Stamped: Racism, Antiracism, and You, escrito por Jason Reynolds, está basado en
*Stamped from the Beginning: The Definitive History of Racist
Ideas in America*, de Ibram X. Kendi, publicado por Bold Type Books.

Título original: *Stamped: Racism, Antiracism, and You*
Esta edición es publicada mediante acuerdo con Little, Brown and Company,
New York, New York, USA. Todos los derechos reservados.
Primera edición: mayo de 2021

Traducción: Melanie Márquez-Adams
Ilustración de cubierta: © 2020, Erin Robinson
Rotulado del título y del nombre del autor: © 2020, Dirty Bandits
Adaptación del diseño original de cubierta de Karina Granda, basado en un diseño de Book
Designers: Penguin Random House Grupo Editorial

Impreso en Estados Unidos / Printed in USA

ISBN: 978-1-64473-108-6

21 22 23 24 25   10 9 8 7 6 5 4 3 2 1

A January Hardwell, mi tatarabuelo.
—J. R.

A las vidas que según ellos no importaban.
—I. X. K.

ÍNDICE

PRÓLOGO

Querido lector:

Conocer el pasado es conocer el presente. Conocer el presente es conocerte a ti mismo.

Escribo sobre la historia del racismo para entender el racismo del presente. Quiero entender el racismo del presente para entender cómo me afecta hoy. Quiero que comprendas el racismo del presente para que comprendas cómo te está afectando a ti y a Estados Unidos hoy en día.

El volumen que tienes en la mano es un *remix* de mi libro, *Marcados al nacer: La historia definitiva de las ideas racistas en Estados Unidos*, un relato histórico de ideas racistas y antirracistas. Una idea racista es cualquiera que sugiera que hay algo mal o bien, superior o inferior, mejor o peor en un grupo racial. Una idea antirracista es cualquiera que sugiera que los grupos raciales son iguales. Ambas han existido en las mentes humanas durante casi seiscientos años. Nacidas en Europa occidental a mediados de la década de 1400, las ideas racistas viajaron a la América colonial y han vivido en los Estados Unidos desde sus orígenes. Escribí una crónica de toda su existencia en *Marcados al nacer*.

En este libro, el novelista Jason Reynolds adaptó *Marcados al nacer* para ti. Ojalá hubiera yo aprendido esta historia a tu edad, pero no había ningún libro que narrara la historia completa de las ideas racistas. Algunos contaban partes de esta, pero no tenía muchos deseos de leerlos. La mayoría eran muy aburridos, escritos de una manera con la que no podía identificarme. Pero no ocurre así con los libros de Jason. No con este libro. Jason es uno de los escritores y pensadores más talentosos de nuestro tiempo. No conozco a nadie que hubiera podido conectar mejor el pasado con el presente para ti. Jason es un gran escritor en el sentido más puro. Un gran escritor cautiva el ojo humano de la misma forma en que un ritmo palpitante cautiva el oído humano, y hace que la cabeza de uno se mueva de arriba abajo. Es difícil detenerse cuando el ritmo está sonando. Un gran escritor hace que mi cabeza se mueva de lado a lado. Es difícil detenerse cuando el libro está abierto.

No creo que yo sea un gran escritor como Jason, pero sí pienso que soy un escritor valiente. Escribí *Marcados al nacer* con mi teléfono celular encendido, con mi televisión encendida, con mi ira encendida, con mi alegría encendida: siempre pensando sin parar. Vi la vida televisada y la no televisada del fogonazo que fue el movimiento #BlackLivesMatter [las vidas negras importan] durante las noches más tormentosas de Estados Unidos. Vi los asesinatos televisados y los no televisados de seres humanos negros desarmados a manos de policías y de gente que se las da de policía. Logré escribir mal que bien *Marcados al nacer* en medio de las muertes desgarradoras de Trayvon Martin, de diecisiete años, y Darnesha Harris, de diecisiete años, y Tamir Rice, de doce años, y Kimani Gray, de dieciséis años, y Michael Brown, de dieciocho años: tragedias que son un producto de la historia de las ideas racistas de Estados Unidos tanto como esta historia es producto de esas tragedias.

Es decir, si no fuera por las ideas racistas, George Zimmerman no habría pensado que aquel adolescente encapuchado de Florida, al que le gustaban LeBron James, el hiphop y *South Park*, tenía que ser un ladrón. En 2012, las ideas racistas de Zimmerman transformaron a un Trayvon Martin afable, que caminaba a casa desde una tienda 7-Eleven llevando un jugo de sandía y unos caramelos Skittles, en una peligrosa amenaza para la sociedad. Las ideas racistas hacen que la gente mire a una cara negra inocente y vea a un criminal. Si no fuera por ellas, Trayvon todavía estaría vivo. Sus sueños de convertirse en piloto aún seguirían vivos.

Según estadísticas federales, entre 2010 y 2012, los jóvenes negros tenían *veintiún veces* más probabilidades de ser asesinados por la policía que sus homólogos blancos. Las disparidades raciales entre las víctimas femeninas de la fuerza policial letal, escasamente documentadas y analizadas, pueden ser aún mayores. Las personas negras tienen *cinco veces* más probabilidades de ser encarceladas que las blancas.

No soy un as en matemáticas, pero si las personas negras constituyen el trece por ciento de la población de los Estados Unidos, deberían por ende representar cerca del trece por ciento de los estadounidenses asesinados por la policía y cerca del trece por ciento de los estadounidenses presos en las cárceles. Pero en la actualidad, los Estados Unidos siguen estando muy alejados de la igualdad racial.

Los afroamericanos constituyen el cuarenta por ciento de la población encarcelada. Estas son iniquidades raciales más antiguas que los Estados Unidos.

Incluso antes de que Thomas Jefferson y los otros fundadores declararan la independencia en 1776, los americanos ya discutían sobre las iniquidades raciales, sobre por qué existen y persisten y sobre por qué los americanos blancos en conjunto prosperaban más que los americanos negros como grupo. Históricamente, tres grupos han estado involucrados en esta acalorada discusión. Tanto los segregacionistas como los asimilacionistas, como llamo a estas posiciones racistas en *Marcados al nacer*, creen que la gente negra es la responsable de la iniquidad racial. Tanto los segregacionistas como los asimilacionistas creen que la gente negra tiene algo malo, y que por eso es que están en el extremo más bajo y letal de la desigualdad racial. Los asimilacionistas creen que a la gente negra en su conjunto se la puede hacer cambiar para mejor, y los segregacionistas piensan que no es posible. Ambos son cuestionados por los *antirracistas*. Los antirracistas dicen que nada anda mal o bien con las personas negras, que lo que está muy mal es el racismo. Dicen que lo que hay que cambiar es el problema del racismo y no a las personas negras. Los antirracistas intentan transformar el racismo. Los asimilacionistas intentan transformar a las personas negras. Los segregacionistas intentan separarse de las personas negras. Acerca de estas tres posturas raciales distintas escucharás hablar a lo largo de *Stamped: el racismo, el antirracismo y tú* —segregacionistas, asimilacionistas y antirracistas— y acerca de cómo cada una de ellas ha racionalizado la iniquidad racial.

Cuando concebí *Marcados al nacer*, no solo quería escribir sobre las ideas racistas: quería descubrir la *fuente* de las ideas racistas. Cuando estaba en la escuela y supe por primera vez de verdad sobre racismo, me enseñaron la historia popular de su origen. Me enseñaron que gente ignorante y llena de odio había concebido ideas racistas, y que estas personas habían instaurado políticas racistas. Pero cuando supe los motivos que estaban detrás de la concepción de esas ideas, me di cuenta de que ese cuento popular, a pesar de que parecía razonable, no era cierto. Descubrí que la necesidad por parte de unos poderosos de defender las políticas racistas con que se beneficiaban era lo que los había llevado a concebir ideas racistas, y que cuando gente desprevenida consumía las ideas racistas se volvía ignorante y llena de odio

Considera el asunto de la manera siguiente. Solo hay dos posibles explicaciones para la iniquidad racial, para

justificar por qué en los Estados Unidos los blancos eran
libres y los negros estaban esclavizados. O bien unas políticas racistas habían sometido a los negros a la esclavitud,
o bien la animalidad de los negros los hacía idóneos para
la esclavitud. Ahora bien, si uno gana mucho dinero esclavizando a la gente, a uno le conviene, para justificar el
negocio, que la gente piense que los negros son idóneos
para la esclavitud. Uno va a producir esa idea racista y la
va a hacer circular para evitar que los abolicionistas cues-
tionen la esclavitud y abolan lo que te está haciendo rico.
Primero vienen las políticas racistas de sometimiento a
la esclavitud, y luego son seguidas por ideas racistas que
justifican la esclavitud. Y esas ideas racistas vuelven a la
gente ignorante con respecto al racismo y hacen que odie
a determinado grupo racial.

Debo confesar que, cuando comencé a escribir *Marcados
al nacer*, yo defendía no pocas ideas racistas. Sí, yo. Soy
afroamericano. Soy historiador de los afroamericanos.
Pero es importante recordar que las ideas racistas son
ideas. Cualquiera puede producirlas o consumirlas, como
muestra este libro. Yo pensaba que ciertas cosas andaban
mal con las personas negras (y otros grupos raciales). En-
gañado por ideas racistas, no era plenamente consciente

de que lo único malo que tienen las personas negras es que pensamos que algo anda mal con ellas. No era plenamente consciente de que lo único extraordinario acerca de los blancos es que piensan que hay algo extraordinario en ellos. Existen *individuos* perezosos, trabajadores, sensatos, insensatos, inofensivos y dañinos de todas las razas, pero ningún *grupo* racial es mejor o peor que otro de ninguna manera.

Comprometido con esta noción antirracista de la igualdad de grupo, pude descubrir las ideas racistas que había consumido durante mi vida, autocriticarlas y deshacerme de ellas mientras develaba y exponía las ideas racistas que otros han producido durante toda la historia de Estados Unidos. El primer paso para construir un país antirracista es admitir su pasado racista. Al admitir ese pasado, podemos admitir el presente racista de los Estados Unidos. Al admitir el presente racista de Estados Unidos, podemos trabajar para construir un país antirracista. Unos Estados Unidos antirracistas donde ningún grupo racial tiene más o menos, o se percibe como más o menos. Unos Estados Unidos antirracistas donde la gente ya no odia a los grupos raciales ni intenta cambiarlos. Una América antirracista donde el color de nuestra piel es tan irrelevante como el color de la ropa que cubre nuestra piel.

Y seguro que unos Estados Unidos antirracistas llegarán a ser. Ningún poder dura para siempre. Llegará un momento en que los estadounidenses *se darán cuenta* de que el único problema que tienen las personas negras es que ellos piensan que algo anda mal con ellas. Llegará un momento en que las ideas racistas ya no nos impedirán ver la anormalidad total y absoluta de las disparidades raciales. Llegará un momento en el que amaremos a la humanidad, en que tendremos el valor necesario para luchar por una sociedad equitativa para nuestra amada humanidad, sabiendo, inteligentemente, que cuando luchamos por la humanidad, estamos luchando por nosotros mismos. Llegará un día. Quizá, solo quizá, ese día sea hoy.

En solidaridad,

Ibram X. Kendi

SECCIÓN

I

1415-1728

CAPÍTULO 1

La historia del primer racista del mundo

Antes de comenzar, aclaremos algo. Este no es un libro de historia. Repito, este *no es* un libro de historia. Al menos, no como los que estás acostumbrado a leer en la escuela. Esos que parecen más bien una lista de fechas (habrá algunas), con una guerra ocasional aquí o allá, una declaración (*definitivamente* es algo que debe mencionarse), una constitución (eso también), un caso judicial o dos y, por supuesto, el párrafo que se lee durante el Mes de la Historia Afroamericana (¡Harriet! ¡Rosa! ¡Martin!). Este no es eso. Este no es un libro de historia. O, al menos, no esa clase de libro de historia. Es, en cambio, un libro que contiene historia. Una historia directamente relacionada con nuestra vida tal como la vivimos en este mismo momento. Este es un libro actual, sobre el aquí y el ahora. Un libro que, con suerte, nos ayudará a comprender mejor por qué estamos donde estamos como estadounidenses, específicamente en tanto nuestra identidad tiene que ver con la raza.

Oh, oh, la palabra que empieza con *R*. Que para muchos de nosotros todavía es de censura R, una palabra Restringida que los menores de 17 años solo pueden usar acompañados por un adulto. O que solo puede combinarse con otra que empieza con R —*run,* corre. Pero no corras. Respiremos hondo. Inhala. Contén la respiración. Exhala y bota el aire:

R   A   Z   A.

¿Lo ves? No es tan malo. Excepto por el hecho de que la raza ha sido un veneno extraño y persistente en la historia de los Estados Unidos, y estoy seguro de que ya lo sabes. También estoy seguro de que, dependiendo de dónde estés y dónde hayas crecido, tus experiencias con ello —o al menos el momento en que lo reconoces— pueden variar. Algunos pueden creer que la raza ya no es un problema, que es cosa del pasado, viejas historias de épocas difíciles. Otros pueden estar convencidos de que la raza es como un caimán, un dinosaurio que nunca se extinguió sino que evolucionó. Y aunque se esconde en turbias aguas pantanosas, ese monstruo sobreviviente sigue siendo mortal. Luego, están aquellos de ustedes que saben que la raza y el racismo, lo cual es crucial, están *en todas partes*. Aquellos de ustedes que ven al racismo arrebatarle regularmente a la gente su libertad, ya sea como un asaltante violento o como un astuto carterista. El ladrón llamado racismo anda por todas partes. Este libro de historia *no de historia*, este libro actual, está destinado a llevarte a un viaje que va desde el pasado hasta el presente para mostrar por qué sentimos lo que sentimos, por qué vivimos como vivimos y por qué este veneno, ya sea reconocible o irreconocible, ya sea un grito o un susurro, simplemente se niega a desaparecer.

Este libro no es el acabose. No es la comida completa. Es más bien un abreboca. Un adelanto en preparación para el festín que está por venir. Algo que sirva para que te entusiasmes con la idea de elegir tu puesto —el puesto adecuado— en la mesa.

¡Ah! y hay tres palabras que quiero que tengas en mente. Tres palabras para describir a los grupos de personas que vamos a analizar:

Segregacionistas. Asimilacionistas. Antirracistas.

Existen definiciones formales para estas palabras, pero… les voy a dar las mías.

Los segregacionistas son personas que odian. Que odian *de verdad*. Gente que te odia por no ser como ellos. Los asimilacionistas son personas a las que les agradas, pero solo entre comillas. O sea…, les "agradas". Esto quiere decir que les "agradas" porque eres como ellos. Y luego están los antirracistas, que te *aprecian* por ser tú. Pero es importante tener en cuenta que la vida rara vez se puede abarcar con descripciones de una sola palabra. No es muy ordenada ni perfecta. A veces, a lo largo de la vida (o incluso en el transcurso de un solo día), las personas pueden asumir y poner en práctica ideas representadas por más de una de estas tres identidades. Pueden reflejar dos o todas ellas. Ten esto en cuenta mientras analizamos a estas personas.

De hecho, estas no son solo las palabras con las que vamos a describir a las personas en este libro. También son las que usaremos para describirte a ti. Y a mí. A todos nosotros.

Entonces, ¿por dónde empezamos? Lo mejor es lanzarnos de una vez y comenzar con el primer racista del mundo. Sé lo que estás pensando. Estás pensando:

"¿Cómo podría alguien saber quién fue el primer racista del mundo?". O quizá: "Genial, dinos su nombre para averiguar dónde vive". Pues bien, está muerto. Lleva muerto seiscientos años. Afortunadamente. Y antes de contarte sobre él, tengo que darte un poco de contexto.

Europa. Ahí es donde estamos. Donde vivía él. Como estoy seguro de que ya sabes, los europeos (italianos, portugueses, españoles, holandeses, franceses, británicos) estaban conquistando el mundo entero: porque si hay algo que todos los libros de historia *sí* dicen, es que los europeos conquistaron la mayor parte del mundo. Es el año 1415 y el príncipe Enrique (siempre hay un príncipe Enrique) convenció a su padre, el rey Juan de Portugal, de que simple y llanamente montara un asalto y tomara el principal almacén comercial musulmán en el extremo noreste de Marruecos. ¿Por qué? Sencillo. El príncipe Enrique tenía envidia. Los musulmanes tenían riquezas y, si él conseguía sacarlos del camino, entonces podría acceder fácilmente a esas riquezas y recursos. Usurparlos. Hurtarlos. Cometer un robo. Así de simple. El botín sería una abundante provisión de oro. Y africanos. Así es, los portugueses estaban capturando moros, que se convertían en prisioneros de guerra en una guerra que ellos no habían planeado, pero que tenían que librar para sobrevivir.

Y cuando digo prisioneros me refiero a que se convertían en una propiedad. Una propiedad humana.

Pero ni el príncipe Enrique ni el rey Juan de Portugal recibieron el título de primer racista del mundo, porque la verdad es que capturar personas no era algo inusual en ese entonces. Era solo una realidad de la vida. Ese ilustre apodo iría a un hombre cuyo nombre no era ni Enrique ni Juan, sino mucho más gracioso, pero que hizo algo *no* tan gracioso: Gomes Eanes de Zurara. Zurara, con ese apellido que suena como un coro de porristas, hizo precisamente eso. ¿Animaba? ¿Animó? Da lo mismo. Era un porrista. O algo así. No del tipo que apoya a un equipo y anima a la multitud, pero sí *era* un hombre que se aseguraba de que el equipo para el que jugaba fuera considerado un gran equipo y tuviera fama de tal. Se aseguró de que el príncipe Enrique fuera considerado como un gran jugador que hacía grandes jugadas, y de que cada jugada exitosa suya fuera la marca de un jugador prodigioso. ¿Cómo lo logró Zurara? A través de la literatura. Contando cuentos.

Él escribió el cuento, una biografía de la vida y el comercio de esclavos del príncipe Enrique. Zurara era un comandante obediente de la Orden Militar de Cristo del príncipe Enrique y en algún momento culminó su libro, que se convirtió en la primera apología del comercio de esclavos africanos. Se llamó *Crónica del descubrimiento y conquista de Guinea*. En él, Zurara se jactaba de que los portugueses habían sido los primeros en traer africanos esclavizados del cabo del Sahara Occidental, y hablaba de ser dueño de otros seres humanos como si se tratara de exclusivos pares de zapatos deportivos. Una vez más, esto era algo común. Pero Zurara *subió la apuesta* explicando también lo que diferenciaba a Portugal de sus vecinos europeos en términos de comercio de esclavos. Y era que los portugueses veían a su esclavización de las personas como una obra misionera. Una misión de Dios para ayudar a civilizar y cristianizar a los "salvajes" africanos. Al menos, eso afirmaba Zurara. Y la razón por la cual esto constituía una ventaja sobre sus competidores, los españoles e italianos, era porque ellos todavía estaban esclavizando a europeos del este, es decir, a personas blancas (las cuales no eran llamadas blancas en ese entonces). El as bajo la manga de Zurara, su jugada maestra, era que los portugueses habían esclavizado a africanos (de todos los tonos de color, por cierto) con el supuesto propósito de salvar a sus almas descarriadas.

Zurara hizo que el príncipe Enrique pareciera una especie de joven misionero que recorría la calle haciendo proselitismo y trabajo comunitario, cuando, en realidad, era más bien un gánster. Era más bien un matón, un secuestrador que recibía una comisión por llevar cautivos al rey. ¿La tajada del príncipe Enrique, como la comisión que cobra un agente? Ciento ochenta y cinco esclavos, que representaban dinero, dinero y más dinero, aunque siempre presentados como una causa noble gracias a Zurara, a quien también se le pagaba por su pluma. ¿Parece que Zurara era solo un mentiroso, verdad? ¿Solo un escritor de ficción? Entonces, ¿qué lo convierte en el primer racista del mundo? Pues bien, Zurara fue la primera persona que *escribió* acerca de la posesión de seres humanos negros y la *defendió*, y este solo documento inició la historia documentada de las ideas racistas contra los negros. Ya sabes que los nombres de los reyes siempre están ligados al lugar donde gobiernan. Como, por ejemplo, el rey Juan de Portugal. Pues bien, si Gomes Eanes Zurara fuera el rey de algo (lo cual no era), hubiera sido el rey Gomes del Racismo.

El libro de Zurara, *Crónica del descubrimiento y conquista de Guinea*, fue un éxito. Y ya sabes lo que sucede con los éxitos: se propagan. Como la canción pop que todos dicen odiar, pero de la que todo el mundo se sabe la letra, y entonces de repente ya nadie la odia y hasta se convierte en un himno. El libro de Zurara se convirtió en un himno. Una canción cantada a todo lo largo de Europa como la fuente de conocimiento de primera mano acerca del África ignota y de los pueblos africanos para los primeros traficantes de esclavos y los esclavizadores en España, Holanda, Francia e Inglaterra

Zurara representó a los africanos como animales salvajes que necesitaban ser domesticados. Con el tiempo, esta representación empezaría incluso a convencer a algunos africanos de que eran inferiores, como le sucedió a al-Hasan Ibn Muhammad al-Wazzan al-Fasi, un marroquí culto que estaba en un viaje diplomático por el mar Mediterráneo cuando fue capturado y esclavizado. Finalmente, fue liberado por el papa León X, quien lo convirtió al cristianismo y cambió su nombre a Johannes Leo (conocido luego como Leo Africanus o León el Africano), y posiblemente le encargó que escribiera un estudio sobre África. En ese estudio, Africanus se hizo eco de las opiniones de Zurara acerca de los africanos, su propia gente. Dijo que eran salvajes hipersexuales, lo que lo convirtió en el primer racista africano conocido. Cuando yo era pequeño, llamábamos a eso "escupir para arriba" o "venderse". De cualquier manera, la documentación por Zurara de la idea racista de que los africanos necesitaban la esclavitud para poder ser adoctrinados y aprender sobre Jesús, y de que era un mandato de Dios, comenzó a filtrarse en la mente cultural europea y a incorporarse a ella. Unos cientos de años después, esta idea finalmente llegaría a América.

CAPÍTULO 2

El poder puritano

Bien, a estas alturas, espero que estés diciendo: "Guau, este realmente no se parece a los libros de historia a los que estoy acostumbrado". Y si no lo estás diciendo, pues bien…, eres un mentiroso. Y adivina qué, no serías el primero.

Después de la ridícula mentira nacida de la codicia de Gomes Eanes de Zurara, otros "teóricos de la raza" europeos siguieron su ejemplo y utilizaron su texto como punto de partida para sus propios conceptos e ideas racistas que justificaban la esclavitud de los africanos. Porque si hay algo que todos sabemos sobre los seres humanos es que la mayoría de nosotros somos seguidores y buscamos algo de lo que podamos ser parte para que nos haga sentir mejor acerca de nuestro propio egoísmo. ¿O eso solo me sucede a mí? ¿Solo a mí? Entendido. Bueno, los seguidores comenzaron a husmear y promovieron sus propias teorías disparatadas (el término en inglés para teorías disparatadas es *cockamamie*,"calcomanía ridícula", y es la mejor palabra de todos los tiempos, incluso mejor que Zurara, aunque posiblemente sean sinónimos), dos de las cuales crearían las condiciones para la diálogo sobre el racismo en los siglos venideros.

Estas teorías fueron:

1. **Teoría del clima:** esta teoría en realidad proviene de Aristóteles (volveremos a él más adelante), que se preguntó si los africanos nacían "así" o el calor del continente los hacía inferiores. Muchos estuvieron de acuerdo en que era el clima y que, si los africanos vivieran en temperaturas más frías, podrían, de hecho, volverse blancos.

2. **Teoría de la maldición:** en 1577, después de observar que los inuits del noreste de Canadá (frío glacial) tenían la piel más oscura que los que vivían en el sur más cálido, el escritor de viajes inglés George Best dedujo de ello (convenientemente para todas las partes interesadas en poseer esclavos) que el clima no podía haber sido el causante de

la inferioridad de las personas de piel más oscura, y concluyó entonces que los africanos estaban, en realidad, malditos. (En primer lugar, ¿te imaginas a alguien en el Travel Channel diciéndote que estás maldito? O sea… ¿hablan en serio?) ¿Y qué utilizó Best para probar esta teoría? Pues simplemente uno de los libros más irrefutables de la época: la Biblia. En la interpretación caprichosa que hizo Best del libro del Génesis, Noé ordena a sus hijos blancos que no tengan relaciones sexuales con sus esposas en el arca, y luego les dice que el primer hijo nacido después del diluvio heredaría la tierra. Cuando el malvado, tiránico e hipersexual Cam (se pone Caliente y) tiene sexo en el arca, es voluntad de Dios que sus descendientes sean oscuros y repugnantes para que el mundo entero los vea como un símbolo de problema. En pocas palabras, los hijos de Cam serían negros y malos, lo cual, en última instancia, hace que los negros… sean malos. La teoría de la maldición se iba a convertir en la piedra angular de la justificación de la esclavitud en Estados Unidos.

Se ramificaría en otra idea ridícula, el extraño concepto de que, debido a que los africanos habían sido maldecidos y porque, según estos europeos, necesitaban de la esclavitud para ser salvados y civilizados, la relación entre esclavo y amo era afectuosa. Que era una relación como la de padre e hijo. O la de religioso y feligrés. Mentor y pupilo. Se pintaba así una versión compasiva de lo que ciertamente constituía una experiencia terrible, porque, bueno, seres humanos estaban siendo forzados a la servidumbre y no hay forma de convertir eso en una gran familia feliz.

Pero la literatura decía lo contrario. Así es, hubo otra obra literaria, en este caso escrita por un hombre llamado William Perkins, titulada *Ordenar una familia* y publicada en 1590, que sostenía que el esclavo era solo parte de una unidad familiar amorosa que se había organizado de una manera particular. Y que las almas y el potencial de las almas eran iguales, pero no la piel. Es como si alguien dijera: "Considero a mi perro un igual de mis hijos, a pesar de que entrené a mi perro para que recoja el periódico golpeándolo y halándole la correa". Pero la idea detrás de todo esto liberaba a los nuevos dueños de esclavos del apuro emocional y los retrataba como benevolentes samaritanos que estaban "limpiando" a los africanos.

Una generación más tarde, la esclavitud aterrizó en la recién colonizada América. Y las personas que estaban allí para introducirla y, lo que es más importante, para usarla en la construcción de este nuevo país fueron dos hombres, cada uno de los cuales se veía a sí mismo como un tipo similar de samaritano. Sus nombres: John Cotton y Richard Mather.

Con respecto a Cotton y Mather: eran puritanos.

Acerca de los puritanos: eran protestantes ingleses que creían que la reforma de la Iglesia de Inglaterra estaba, básicamente, diluyendo el cristianismo, y trataban de regularlo para mantenerlo más disciplinado y rígido. Entonces, estos dos hombres, en diferentes momentos, cruzaron el Atlántico en busca de una nueva tierra (que sería Boston) donde pudieran escapar de la persecución inglesa y predicar su versión —una versión "más pura"— del cristianismo. Llegaron a América tras unas travesías peligrosas, especialmente Richard Mather, cuyo barco navegó a través de una tormenta en 1635 y casi chocó con una enorme roca en el océano. Mather, por supuesto, vio su supervivencia de este viaje a América como un milagro y se volvió aún más devoto de Dios.

Ambos hombres eran pastores. Construyeron iglesias en Massachusetts, pero sobre todo construyeron sistemas. La iglesia no era solo un lugar de oración. La iglesia era un lugar de poder e influencia y, en esta nueva tierra,

John Cotton y Richard Mather tenían un montón de poder e influencia. Lo primero que hicieron para difundir el pensamiento puritano fue encontrar a otras personas que tuvieran ideas afines y, con esas personas de ideas afines, crearon escuelas para imponer una educación superior sesgada hacia su manera de pensar.

¿Cuál crees que fue la primera escuela en recibir el toque puritano? Esta es una pregunta capciosa, porque la respuesta es la que *siempre* ha sido la primera universidad de los Estados Unidos (recuerda, ¡esta es una sociedad completamente nueva!). Y la primera universidad que hubo en los Estados Unidos *desde siempre* fue la Universidad de Harvard. Pero hay algo complejo con la creación de Harvard. Algo que se empalma directamente con Zurara, con la maldición y con las teorías climáticas, con todo lo que hemos hablado hasta ahora. Verás, Cotton y Mather eran estudiosos de Aristóteles. Y Aristóteles, aunque considerado como uno de los más grandes filósofos griegos de todos los tiempos, famoso por cosas que no discutiremos aquí porque este no es un libro de historia, creía en algo por lo que no es tan famoso. Ese algo era su creencia en la jerarquía humana.

Aristóteles creía que los griegos eran superiores a los no griegos. John Cotton y Richard Mather tomaron la idea de Aristóteles (porque ellos también eran seguidores) y la transformaron en una nueva ecuación, sustituyendo "puritano" por "griego". Y debido a sus viajes milagrosos a través del océano embravecido, especialmente el de Richard Mather, los dos creían que eran personas elegidas, especiales ante los ojos de Dios: superioridad puritana.

Según los puritanos, ellos eran mejores que:

1. los nativos americanos
2. los anglicanos (ingleses) que no eran puritanos
3. todos los demás que no eran puritanos
4. especialmente, los africanos

Y ¿adivina qué hicieron durante el desarrollo de Harvard? Se aseguraron de que los textos griegos y latinos no pudieran ser cuestionados. Lo que significaba que Aristóteles, un hombre que creía en la jerarquía humana y usaba el clima para justificar *cuáles* seres humanos eran mejores, no podía ser cuestionado y, en cambio, sus ideas tenían que aceptarse como verdad.

De esa forma, se sentaron las bases no solo para que la esclavitud se justificara, sino para que se justificara durante mucho, mucho tiempo, simplemente porque pertenecía a la trama misma de los sistemas religiosos *y* educativos de

Estados Unidos. Lo único que hacía falta para completar este rompecabezas de opresión eran los esclavos.

En aquel momento, América era como uno de esos juegos en los que tienes que construir un mundo. Una red social de agricultores y dueños de plantaciones. Y si no eras un agricultor-dueño de plantación, entonces eras un religioso. Por lo tanto, eras una persona de la tierra o una persona de la iglesia, todo el mundo trabajando para cultivar en tierras robadas (obviamente, sus vecinos nativos no estaban contentos con nada de esto, porque su mundo estaba siendo destruido mientras se construía el nuevo, sembrado semilla por semilla).

¿Cuál semilla? Tabaco. Un hombre llamado John Pory (defensor de la teoría de la maldición), primo de uno de los primeros grandes terratenientes, fue la primera persona nombrada a la cabeza de una asamblea legislativa, la asamblea de Virginia, en la América colonial. Lo primero que hizo fue fijar el precio del tabaco, ya que sería el cultivo comercial del país. Pero si el tabaco realmente iba a generar algo de dinero, si en efecto iba a ser el recurso natural que se utilizaría para impulsar el crecimiento económico del país, entonces necesitarían más recursos *humanos* para cultivarlo.

¿Te das cuenta del rumbo que esto toma?

En agosto de 1619, un barco español llamado San Juan Bautista fue interceptado por dos barcos piratas. El Bautista llevaba trescientos cincuenta angoleños, porque los esclavistas latinoamericanos ya habían ideado su propio sistema de comercio de esclavos y habían esclavizado a doscientas cincuenta mil personas. Los piratas asaltaron el Bautista y se llevaron a sesenta de los angoleños. Se dirigieron al este y, finalmente, arribaron a las costas de Jamestown, Virginia. Le vendieron veinte de los angoleños al primo de John Pory. El que tenía toda aquella tierra y que resultó ser, también, el gobernador de Virginia. Su nombre era George Yeardley y esos primeros veinte esclavos, para Yeardley y Pory, llegaron justo a tiempo… para trabajar.

Pero recuerda, América estaba llena de colonos y misioneros, y los nuevos esclavos causarían un pequeño conflicto entre ambos. Para los colonos, el esclavo representaba una gran ayuda y podía significar el código de cuatro dígitos del cajero automático americano. De donde sale el dinero en efectivo. Por otro lado, los misioneros —siguiendo la línea del puritanismo y la propaganda de Zurara— sentían que la esclavitud era un medio para la salvación. Los colonos querían hacer crecer sus ganancias, mientras los misioneros deseaban hacer crecer el reino de Dios.

A nadie le importaba lo que quisieran los africanos esclavizados (que, para empezar, hubiera sido no estar esclavizado). Indudablemente, ellos no deseaban la religión de sus amos. Y sus amos también se resistían a esa idea. Los dueños de esclavos no estaban interesados en escuchar nada acerca de la conversión de sus esclavos. Salvar sus cosechas cada año era más importante para ellos que salvar almas. Era la cosecha antes que la humanidad. Y las excusas que dieron para evitar bautizar a los esclavos fueron:

- Los africanos eran demasiado bárbaros para convertirse.
- Los africanos tenían un alma salvaje.
- Los africanos no podían ser amados...

NI SIQUIERA POR DIOS.

CAPÍTULO 3

Otro Adán

Como lo mencioné anteriormente, después de la crónica sin sentido de Zurara acerca del comercio de esclavos y la naturaleza salvaje de los africanos, muchos otros europeos comenzaron a escribir sus *propios* testimonios y teorías, que fueron más allá de Aristóteles y George Best (el escritor de viajes). Un siglo después, la tradición —que continuaría indefinidamente— de escribir sobre los africanos se encontraba viva, sana y más creativa que nunca. Y cuando digo creativa, quiero decir basura.

En 1664, el ministro británico Richard Baxter escribió un tratado que tituló *Directorio cristiano*.

Apuntes sobre Baxter: creía que la esclavitud ayudaba las personas africanas. Incluso llegó a decir que había "esclavos voluntarios"; es decir, africanos que *querían* ser esclavos para poder ser bautizados. (¿Esclavos voluntarios? Richard Baxter estaba claramente loco).

También salieron a la luz algunos escritos del gran filósofo inglés John Locke.

Apuntes sobre Locke (con respecto a los africanos): creía que las mentes más inmaculadas, puras y perfectas pertenecían a las personas blancas, lo que básicamente significaba que los africanos tenían mentes sucias.

Y del filósofo italiano Lucilio Vanini.

Apuntes sobre Vanini: creía que los africanos provenían de un "Adán diferente" y que tenían una historia de creación distinta. Por supuesto, esto implicaría que eran una especie diferente. Era como decir (o para él, *demostrar*) que los africanos no eran realmente humanos. Que tal vez eran animales, monstruos o extraterrestres, pero no humanos —al menos, no como los blancos— y, por lo tanto, no tenían que ser tratados como tales. Esta teoría, que se llama *poligenismo*, sacó a la luz el diálogo racial. Tomó aquel lío inicial del amo bondadoso de Zurara y lo enfatizó. O sea, los africanos pasaron de salvajes a **SALVAJES**, lo que acrecentó la necesidad de convertirlos al cristianismo y civilizarlos.

HAGAMOS UNA PAUSA.

Sé que hemos estado hablando sin parar sobre las personas que obraron para justificar la esclavitud, pero es importante (muy importante) señalar que también hubo personas a lo largo del camino que se opusieron a esas nociones ridículamente racistas y lucharon contra ellas con ideas abolicionistas. En este caso particular (la teoría del poligenismo de Vanini), un grupo de menonitas en Germantown, Pensilvania, se rebeló. Los menonitas eran una denominación cristiana de las áreas de habla alemana y holandesa de Europa Central. Durante el siglo XVI y principios del XVII, las autoridades ortodoxas los habían asesinado por sus creencias religiosas. Los menonitas no querían dejar atrás un lugar de opresión para construir otro igual en América, por lo que hicieron circular una petición contra la esclavitud el 18 de abril de 1688 que denunciaba la opresión a causa del color de la piel, equiparándola con la realizada por motivos religiosos. Ambas estaban mal. Esta petición, la Petición de Germantown contra la Esclavitud de 1688, fue el primer documento **antirracista** (¡fíjate en esta palabra!) escrito por colonos europeos en la América colonial.

Pero cada vez que la gente se rebela contra las cosas malas, las cosas malas tienden a empeorar. Ya conoces el viejo dicho: "Cuando las cosas se ponen duras, los duros se ponen... racistas". O algo así. Así que mandaron a callar toda esa charla antirracista proveniente de los menonitas, porque a los dueños de esclavos no les gustaba que se hablara de su negocio como si fuera algo malo.

Porque necesitaban a sus esclavos.

Porque sus esclavos representaban dinero.

Realmente, es bastante simple.

Ahora bien, todo esto tiene un telón de fondo que debemos examinar —los protagonistas de aquellas hojas de colorear que nos daban en primer grado con el cuerno de la abundancia—. Los malinterpretados y tergiversados propietarios de esta tierra: los nativos americanos. Todo esto está sucediendo en su tierra. Un territorio que les fue arrebatado a la fuerza, que reivindicaron y del cual se apoderaron europeos que habían huido de sus países natales temiendo por su vida. Es como el niño que recibe una paliza todos los días en la escuela, llega a casa llorando y su madre decide llevarlo a otra escuela. ¿Y adivinen qué hace cuando llega a la nueva escuela? Actúa como si no acabara de ser blanco de las patadas de otros y se convierte en el tipo duro más odioso del mundo. Y los nativos americanos estaban hartos del arrogante y bravucón niño nuevo.

Así que… ¡PELEA!

El conflicto entre los indígenas y los nuevos fortachones (blancos) americanos se había estado gestando durante más de un año (pero seamos honestos, tenía que haberse estado gestando por *mucho* más tiempo). Y cuando digo gestándose, me refiero a que… la gente se moría. La tierra estaba bañada en sangre. Los puritanos de Nueva Inglaterra ya habían perdido sus hogares y docenas de soldados. Pero, finalmente, un hombre llamado Metacomet, un jefe guerrero nativo americano, fue asesinado, y esto dio sencillamente fin al enfrentamiento en 1676. Los puritanos cortaron su cuerpo (como… ¿salvajes?) como si fuera el de un cerdo, y exhibieron sus restos por todo Plymouth.

Pero los miembros de la tribu de Metacomet no eran los únicos indígenas, obviamente. O los únicos que estaban siendo atacados. En Virginia, un agricultor fronterizo de veintinueve años, Nathaniel Bacon… Espera.

Hagamos una pausa para reconocer lo irónico que resulta que un *agricultor* se apellidara *bacon*: ¡tocino! ¡Quizá debió ser carnicero! De cualquier forma, Bacon no estaba molesto por el tema racial, sino por el problema de clases. Aquí estaba él, un trabajador blanco de quien también se estaba aprovechado la élite blanca. Entonces, lo que hizo para sacudir los poderes establecidos fue desplazar su ira contra los blancos adinerados hacia los Susquehannocks, una tribu de nativos. Esta puede parecer una estrategia extraña, pero fue una jugada inteligente, pues el gobernador de la época, William Berkeley, estaba haciendo todo lo posible para *evitar* un enfrentamiento con los nativos porque un conflicto podía arruinar su comercio de pieles y, por lo tanto, sus ganancias. Entonces, atacar a los nativos era una manera de arremeter contra la estructura de poder, pero por la puerta trasera. Como decimos ahora: "Golpéalos en los bolsillos, donde *realmente* les duele". Y para empeorar las cosas, Bacon proclamó la libertad de todos los trabajadores por contrato y de los negros, porque, en lo que a él respectaba, aunque eran de diferentes razas, pertenecían a la misma clase y debían unirse contra el verdadero enemigo: los blancos ricos. Pero el gobernador sabía que, si negros y blancos unían fuerzas, estaría acabado. Todo habría terminado. Hubiera sido un apocalipsis. Por lo tanto, tuvo que idear una manera de sembrar la discordia en los blancos y negros pobres de manera que se enemistaran para siempre y no estuvieran dispuestos a unirse y rebelarse contra la élite. Y la forma en que lo consiguió fue creando (espera…) privilegios blancos.

Es hora de tomar un respiro. Inhala. Retén el aire. Exhala y bótalo:

PRIVILEGIO.

¿Sigues aquí? Muy bien. Continuemos.

Entonces, se crearon los privilegios de los blancos que, en aquel momento, incluían:

1. Solo los rebeldes blancos eran perdonados. Los legisladores ordenaron que cualquier esclavo que levantara la mano "contra un cristiano" (cristiano ahora significaba blanco) recibiera treinta latigazos.

2. Todos los blancos ahora ejercían poder absoluto para abusar de cualquier individuo de origen africano.

Esos eran los dos más importantes: los blancos pobres no serían castigados, pero por supuesto que podían castigar.

CAPÍTULO 4

Un niño
prodigio racista

¿Recuerdas a John Cotton y Richard Mather, los puritanos que echaron a rodar la bola de la raza en la América
colonial? Pues bien, resulta que ellos tuvieron un nieto.
No los dos juntos, obviamente, pero...

La esposa de Richard Mather muere.

John Cotton muere.

Richard Mather se casa con la viuda de John Cotton,
Sarah.

El hijo menor de Richard Mather, Increase, se casa
con la hija de Sarah, María, convirtiéndola así en su esposa y hermanastra. (Jumm...).

Increase y María tienen un hijo. 12 de febrero de
1663. Le ponen el nombre de ambas familias.

Cotton y Mather se convierten en... Cotton Mather.

Cuando Cotton Mather se enteró de la rebelión de Bacon, ya estaba en la universidad. A los once años, ya era alumno de Harvard (el más joven de todos los tiempos): obviamente era un cerebrito y, además de todo eso, era extremadamente religioso. Sabía que era especial —o, al menos, que estaba destinado a serlo—, lo cual, por supuesto, no hizo más que llenar de resentimiento a sus compañeros de clase. Querían desesperadamente quebrantarlo, hacerlo pecar. Porque a nadie le gustan los presumidos. Básicamente, Cotton Mather estaba obsesionado con ser perfecto y se culpaba a sí mismo por todo lo malo o diferente en él, creyendo que incluso su tartamudeo, con el que luchaba, se debía a algo pecaminoso que había hecho.

Como se sentía tan inseguro a causa de su defecto de habla, Cotton Mather se dedicó a escribir, y acabó escribiendo más sermones que cualquier otro puritano de la historia. Cuando se graduó de Harvard, había superado su tartamudez. Según él, por supuesto, lo había librado Dios.

Ser liberado de su tartamudez fue algo bueno, porque él estaba destinado al púlpito. El nieto de dos predicadores puritanos *tenía* que convertirse en uno de ellos. No había otra opción. Y no había mejor manera de comenzar su carrera como clérigo que ser el copastor de la iglesia de su padre (también predicador). Pero mientras el se dedicaba a eludir a los abusones en Harvard, intentando usar sus palabras y haciendo todo lo posible para seguir un camino recto a los ojos de Dios, se estaba gestando una tensión entre Nueva Inglaterra y la "vieja" Inglaterra. En 1676, un administrador colonial inglés, Edward Randolph, había viajado a Nueva Inglaterra para ver los daños causados por Metacomet —el héroe de guerra indígena— y sus guerreros. Randolph informó al rey Carlos II de la situación y sugirió que se endureciera el control sobre Nueva Inglaterra porque, claramente, el experimento del Nuevo Mundo no estaba yendo muy bien. Así que ahora el hermano mayor amenazaba con intervenir y limpiar el desorden de su hermano pequeño, lo que significaba que los habitantes de Massachusetts perderían el gobierno local si no desafiaban al rey. Por supuesto, la otra opción era que los colonos simplemente acataran los mandatos del monarca, pero eso significaba renunciar a todo lo que habían logrado construir. Optar por la resistencia parecía una jugada más fuerte. Y en 1689, los habitantes de Nueva Inglaterra hicieron precisamente eso.

Lo que sucede con las revoluciones es que casi siempre tienen que ver con que los pobres están molestos y cansados de ser manipulados por los ricos. Entonces, Cotton Mather, aunque estaba recién graduado de Harvard y era un hombre culto, predicador y temeroso de Dios, tenía un problema entre manos porque… era rico. Provenía de una familia de élite, había recibido una educación elitista y vivía una vida elitista, aunque piadosa: apartado de los colonos y aún más distanciado de los esclavos. Así que, la Revolución de 1688, que se llamó la Revolución Gloriosa, no fue tan gloriosa para él. Y, temiendo que la ira que había causado el levantamiento pasara de las élites británicas a las de casa —o sea, a él mismo—, Mather creó un nuevo villano como distracción. Un demonio invisible (que empiece la música de terror).

Mather escribió un libro llamado *Providencias memorables relacionadas con brujerías y posesiones*. Así es, Cotton Mather, el niño genio destinado a la grandeza intelectual y espiritual, estaba obsesionado con las brujas. Y esa obsesión provocó un incendio que él no hubiera podido imaginar, pero que acogió como la voluntad de Dios.

El libro de Mather, que describía los síntomas de brujería, reflejaba su cruzada contra los enemigos de las almas blancas. Su padre compartía la misma obsesión. Pero nadie le echó gasolina a la hoguera de la brujería como un pastor de Salem, Massachusetts, llamado Samuel Parris. En 1692, cuando la hija de nueve años de Parris sufrió convulsiones y ahogos, él creyó que había sido poseída o maldecida por una bruja.

No hizo falta nada más. La cacería de brujas comenzó.

Como durante los meses siguientes continuaron teniendo lugar extraños sucesos, se siguió acusando a la gente de brujería; lo cual —afortunadamente para gente como Cotton Mather—, desvió la atención de lo político a lo religioso. Y en casi todos los casos, "el diablo" que tomaba como presa a inocentes puritanos blancos era descrito como negro. Por supuesto. Un acusador puritano describió al diablo como "un hombrecito negro con barba"; otro vio "una cosa negra de considerable tamaño". Una cosa negra se encaramó en la ventana de un hombre. "El cuerpo era como el de un mono —agregó el observador—. Las patas como las de un gallo, pero el rostro muy parecido al de un hombre". Como el diablo representaba la criminalidad y que los criminales, según se decía en Nueva Inglaterra eran los secuaces del diablo, la cacería de brujas de Salem convirtió al rostro negro en el rostro de la criminalidad. Era como álgebra racista. Encuentra la solución para x. Encuentra la solución para los blancos. Encuentra la solución para cualquier otra cosa que no sea la verdad.

Una vez que la cacería de brujas finalmente cesó, las autoridades de Massachusetts se disculparon con los acusados, revocaron las condenas de los juicios y proporcionaron reparaciones a principios del siglo XVIII. Pero Cotton Mather nunca dejó de defender los juicios de brujas de Salem, porque nunca dejó de defender las jerarquías religiosas, esclavistas, de género, de clase y raciales ratificadas por esos juicios. Se consideraba como el defensor de la ley de Dios y el encargado de crucificar a cualquier mujer o persona no puritana, africana, nativa o pobre que desafiara la ley de Dios al no someterse a ella.

Y tal como había sucedido con los teóricos que le precedieron —los herederos racistas de Zurara—, las ideas y los escritos de Cotton Mather se difundieron desde Massachusetts al resto del país. Esto ocurría en medio de dos situaciones en pleno desarrollo: Boston se estaba convirtiendo en la capital intelectual de la nueva América y el tabaco estaba cobrando fuerza. Estaba en pleno auge. Lo que significaba que se necesitaban *más* esclavos para ocuparse de él.

A medida que crecía la población de esclavos, que era lo que los propietarios de esclavos necesitaban para poder labrar la tierra y cultivar el tabaco gratuitamente, crecía el temor a que se gestaran más rebeliones. Parece un miedo natural en respuesta a un sistema tan antinatural. De modo que para evitar que su propiedad humana se sublevara, los dueños de esclavos y los políticos crearon un *nuevo* sistema antinatural. Un nuevo conjunto de reglas racistas:

1. Las relaciones interraciales se prohíben.
2. Se establece un impuesto a los cautivos importados.
3. Los nativos y negros son clasificados en el código tributario de la misma manera que se hace con los caballos y cerdos. Es decir, eran catalogados, literalmente, como ganado y no como seres humanos.
4. Las personas negras no podían ocupar cargos públicos.
5. Todas las propiedades pertenecientes a los esclavos eran vendidas, lo que, por supuesto, contribuía a la pobreza de los negros.
6. Ah, y a los trabajadores por contrato blancos que habían sido liberados se les otorgaba cincuenta acres de propiedad, contribuyendo así, por supuesto, a la prosperidad blanca.

Mientras todo esto sucedía —toda ese hostigamiento sistémico, todo este juego político racista, toda la violencia y la discriminación— Cotton Mather, en su arrogancia, todavía estaba tratando de convencer a la gente de que lo único necesario, la única misión de la esclavitud, debía ser salvar las almas de los esclavos, porque a través de esa salvación las personas esclavizadas, a su vez, serían blanqueadas: *purificadas*.

Con el tiempo, los esclavizadores se volvieron más abiertos a estas ideas, hasta que tuvo lugar el Primer Gran Despertar, que se extendió por las colonias en la década de 1730, encabezado por un hombre de Connecticut llamado Jonathan Edwards. Edwards, cuyo padre había estudiado con Increase Mather, era un discípulo por línea directa del pensamiento puritano de los Mather. Hablaba de la igualdad humana (en el alma) y la capacidad de todos para la conversión. Mientras este despertar cristiano racista seguía desarrollándose, mientras personas como Edwards seguían empuñando la antorcha de la tortura, Cotton Mather siguió envejeciendo. En 1728, el día en que cumplió sesenta y cinco años, convocó al pastor de su iglesia para orar. Al día siguiente, Cotton Mather, uno de los más grandes eruditos temerosos de Dios de Nueva Inglaterra, murió. Pero ya sabes cómo es la muerte. Tu cuerpo se va, pero tus ideas no. Tu huella perdura, incluso cuando es venenosa. Algunos cuerpos son enterrados y florecen margaritas. Otros provocan que broten las malas hierbas, que se dedican a estrangular todo lo que vive y crece a su alrededor.

SECCIÓN

II

1743-1826

CAPÍTULO 5

La prueba por la poesía

Así es como funciona la vida: las cosas crecen y cambian o, al menos, *parecen* cambiar. En ocasiones, la transformación es solo de nombre; otras veces, ocurre un cambio fundamental. La mayoría de las veces es un poco de ambos. A mediados del siglo XVIII, después de la muerte de Cotton Mather y en medio de la continuación de su legado por parte de sus seguidores, la nueva América entró en lo que ahora llamamos la época de la Ilustración o el Siglo de las Luces.

Dar luz, iluminar. ¿Qué significa este término? Bueno, de acuerdo con nuestros viejos amigos Merriam y Webster, los del diccionario, la *iluminación* se define como "el acto o los medios de la iluminación: el estado de estar iluminado". (¿No te parece gracioso que todos los maestros siempre te hayan dicho que no definas un palabra usándola en la definición? Pues mira, la próxima vez, puedes decirles: "¡Si los señores que escribieron el diccionario pueden hacerlo, yo también puedo!"). Pero estar iluminado o ilustrado solo significa estar informado. Ser libre de la ignorancia. Entonces, este nuevo movimiento, la Ilustración, estaba clamando con un megáfono el hecho de que había una nueva generación, una nueva era con más conocimientos. Había mejores pensadores. Y en la América colonial, el líder de este movimiento de "mejores pensadores" fue el mismísimo señor retratado en el billete de cien dólares: Benjamin Franklin.

En 1743, Franklin fundó en Filadelfia un club llamado la Sociedad Filosófica Americana. Se inspiró en la Real Sociedad de Inglaterra y funcionaba, más que nada, como un club para gente inteligente (blanca): pensadores, filósofos y… racistas. Verás, en el Siglo de las Luces, la luz se veía como una metáfora de la inteligencia (piensa en la expresión *veo la luz*) y también de la blancura (piensa en *opuesto a oscuro*). Y esto es lo que Franklin estaba trayendo a América a través de su club de excéntricos ingeniosos. Y una de esas contradicciones andantes fue Thomas Jefferson.

Hablando de Jefferson… ¿Recuerdas cuando dije que Gomes Eanes de Zurara había sido el primer racista del mundo? Pues bien, Thomas Jefferson quizás fue el primer blanco del mundo que dijo: "Tengo amigos negros". No sé si es cierto, pero estoy dispuesto a apostarlo. Se crio sin religión, en un hogar donde invitaban a los indígenas, y las personas negras, aunque esclavas, eran sus amigos; por lo menos, hasta donde él sabía. Cuando era joven, no pensaba que fueran inferiores ni consideraba la esclavitud como gran cosa. De hecho, Jefferson ni siquiera los veía como esclavos. Solo cuando se hizo mayor, sus "amigos" africanos comenzaron a contarle los horrores de la esclavitud —entre ellos el terror que vivían en la casa de él— y se dio cuenta de que sus vidas eran más diferentes de lo que él había supuesto. ¿Y cómo podía ser de otra manera? Su padre poseía el segundo mayor número de esclavos en el condado de Albermale, Virginia, y no sé ustedes, pero yo no soy *dueño* de mis amigos.

Cuando Thomas Jefferson creció, estudió derecho para lidiar con el pensamiento antirracista (sí, el dueño de esclavos estaba estudiando *anti*rracismo). Con el tiempo, pasó a construir su propia plantación en Charlottesville, Virginia, poniendo el dinero por encima de sus valores morales, una lección que había aprendido de su padre. La esclavitud no era un asunto de personas, era un asunto de ganancias. Era un negocio.

A menudo me pregunto si alguna vez en la plantación de Jefferson uno de sus esclavos —uno de sus *amigos*— le enseñó cosas que no podía aprender en la Sociedad Filosófica Americana. Y, en ese caso, si ese esclavo en particular era considerado como alguien, como algo, diferente. Una especie de "supernegro". Y si su frase "Tengo amigos negros", fue seguida alguna vez por un "Tú no eres como los demás". Y si, cuando venían sus amigos, hacía que ese esclavo mostrara su inteligencia o su talento o cualquier cosa "especial" que pensaba que solo los blancos podían realizar. Porque en la costa norte, en Boston, en la época en que Jefferson estaba construyendo su plantación, una joven llamada Phillis Wheatley estaba bajo el microscopio por ser "especial".

No bajo un microscopio de manera literal. Ella era demasiado grande para eso. No era microscópica en absoluto. De hecho, la estaban examinando no porque fuera pequeña, sino porque tenía una grandeza intelectual y creativa que a las personas blancas les costaba entender.

Era poeta. Pero antes de ser poeta, había sido una niña, una cautiva traída en un barco desde Senegambia. La había comprado la familia Wheatley, que quería una hija para reemplazar a la que habían perdido. Phillis sería esa suplente. Y como era una "hija", en realidad nunca fue una esclava trabajadora y fue incluso educada en casa.

A los once, había escrito su primer poema.

A los doce, podía leer clásicos griegos y latinos, literatura inglesa y la Biblia.

Ese mismo año también publicó su primer poema.

A los quince, había escrito un poema sobre su deseo de estudiar en Harvard, que era exclusivamente para hombres y solo para hombres blancos.

A los diecinueve, comenzó a recopilar sus poemas. Una recopilación. Un libro.

A estas alturas, sabes que no había forma de que se lo publicaran. Al menos, no sin antes vencer serios obstáculos. Entonces, en 1772, John Wheatley, el padre adoptivo de Phillis, reunió a dieciocho de los hombres más inteligentes del país en Boston para que pudieran ponerla a prueba. Para que averiguaran si una persona negra realmente podía ser tan inteligente y culta como Phillis. Como lo eran ellos. Y, por supuesto, ella respondió todas las preguntas correctamente y demostró que era… humana.

Aun así, nadie la iba a publicar. Es decir, esos dieciocho hombres sabían que era brillante, pero ninguno de ellos era editor, e incluso si lo hubieran sido ¿por qué iban a arriesgar sus negocios publicando a una mujer negra en medio de un mundo racista donde la poesía era para y por personas ricas y blancas?

Pero aun así, los logros de Whitley constituían la prueba de que los negros no eran tontos, y esta información se convirtió en munición para todos los que estaban en contra de la esclavitud. Personas como Benjamin Rush, un médico de Filadelfia que escribió un folleto en el que decía que los negros no eran salvajes de nacimiento, sino que los había *convertido en* salvajes la esclavitud.

Suena a disco rayado.

P A U S A.

Bien, vamos a aclarar algo, porque este es un argumento que escucharás una y otra vez a lo largo de tu vida (espero que no, pero es muy probable que sí). Decir que la esclavitud —o, en la actualidad, la pobreza— *convierte* a las personas negras en animales o en seres infrahumanos es racista. Sí, ya sé, ya sé. Parece un comentario "bien intencionado". Por ejemplo, cuando la gente dice: "Eres lindo... para ser un (inserta un atributo físico que no debería usarse como un insulto, pero que, definitivamente, se emplea de esa forma porque no encaja con el extraño y estrecho estándar europeo de belleza)". Es engañoso y aun así no te reconoce por ser tú mismo. Es la diferencia que existe entre un **asimilacionista** y un **antirracista** (¡repaso de términos!).

De modo que llegados al caso de Phillis Wheatley, un asimilacionista como Benjamin Rush argumentaba que ella era inteligente solo porque nunca había sido realmente una esclava, es decir, la esclavitud te vuelve bobo. Noticia de última hora: Wheatley era inteligente porque tuvo la oportunidad de aprender y no fue torturada todos los días de su vida. Y aun las personas que eran torturadas durante toda su vida y que no tenían la oportunidad de asistir a la escuela encontraban la forma de pensar y crear. Aun así, encontraban la forma de ser humanos a su manera. Aunque su poesía fuera diferente. Aunque no tuvieran a menudo la oportunidad de llevarla al papel.

¿Se da cuenta de cómo funciona esto, señor Rush? ¿Señor *Ilustrado*? ¿Eh? Sí, claro. Gracias, pero no…

Mientras Rush estaba trabajando en este argumento, Wheatley se encontraba en Londres donde la exhibían como una superestrella. Los británicos terminarían publicando su obra. No solo la publicarían un año después de que se aboliera la esclavitud en Inglaterra, sino que la usarían (y el folleto de Rush) como una manera de condenar la esclavitud en América. Déjame explicarte por qué eso fue tan importante. En el fondo, es como si tu madre te dijera que "no está enojada contigo, sino *decepcionada*". Recuerda, América estaba formada por un montón de europeos, específicamente británicos. Todavía eran dueños de América. Era su segundo hogar (de ahí el nombre *Nueva* Inglaterra). La desaprobación británica ejercía presión sobre el sistema de esclavitud americano, que era su sistema económico, y para que América se sintiera cómoda manteniendo la esclavitud, tenían que alejarse de Gran Bretaña, liberarse de ella de una vez por todas.

CAPÍTULO 6

Intermedio

Un breve resumen de las ideas racistas (hasta ahora):

1. Los africanos son salvajes porque África es calurosa y el clima extremo los hizo así.
2. Los africanos son salvajes porque fueron maldecidos a través de Cam, en la Biblia.
3. Los africanos son salvajes porque fueron creados como una especie completamente diferente.
4. Los africanos son salvajes porque existe una jerarquía humana natural y ellos están en la parte inferior.
5. Los africanos son salvajes porque lo oscuro es sinónimo de ignorancia y maldad, y la luz equivale a inteligencia y… blancos.

6. Los africanos son salvajes porque la esclavitud los hizo así.

7. Los africanos son salvajes.

Atención: te vas a dar cuenta de que estas ideas se repiten una y otra vez a lo largo del libro. Pero no es razón suficiente para que dejes de leer. Así que... ni siquiera lo intentes.

CAPÍTULO 7

Continuemos

Los africanos no son salvajes.

CAPÍTULO 8

Las notas de Jefferson

Sé que ya sabes esto, pero a veces es importante poner las cosas en su contexto para que cobren su verdadero sentido.

Gran Bretaña había erradicado la esclavitud (al menos en Inglaterra, pero no en las colonias británicas).

Las colonias de América se habían negado a hacerlo.

Gran Bretaña veía a las colonias como si fueran… bobas.

América dijo:

—Gran Bretaña, ocúpate de tus asuntos.

Gran Bretaña dijo:

Tú eres asunto *mío*, América.

Las colonias contestaron:

—Bueno, eso lo podemos cambiar.

Y en 1776, antes de que alguien pudiera decir: "Queremos tener esclavos", Thomas Jefferson, que tenía treinta y tres años en ese momento y era delegado del Segundo Congreso Continental, se sentó a escribir la Declaración de Independencia. Al comienzo de esta, parafraseó la Constitución de Virginia (cada Estado tiene una) y escribió: "Todos los hombres son creados iguales".

Vale la pena repetirlo. Todos los hombres son creados iguales.

Dilo conmigo: Todos los hombres son creados iguales.

Pero ¿los esclavos eran considerados "hombres"? ¿Y qué pasaba con las mujeres? ¿Y qué significaba que Jefferson, un hombre que poseía casi doscientos esclavos, estuviera escribiendo el documento de libertad de América? ¿Estaba hablando de una libertad que abarcaba todo o simplemente de que las colonias de América se liberaran de Inglaterra? Mientras estas preguntas estaban en el aire, los esclavos estaban tomando el asunto en sus propias manos. Huían por decenas de miles de las plantaciones de todo el Sur. Querían libertad y ¿adivina quién tenía la culpa? Espera, antes que nada, ¿adivina a quién se *debería* haber culpado? A los dueños de esclavos, obviamente. Pero Thomas Jefferson y otros dueños de esclavos acusaron a Gran Bretaña de inspirar este tipo de rebelión.

Jefferson había descrito en la declaración todas las formas en que Gran Bretaña abusaba de las colonias, afirmando incluso que los británicos, aunque se oponían a la esclavitud, en realidad estaban tratando de esclavizar a América (la América *blanca*). Pero recuerda, Jefferson estaba de acuerdo con la esclavitud solo como un sistema económico. O sea, él había crecido con "amigos negros", por el amor de Dios. Por lo tanto, también plasmó en la declaración el pensamiento antirracista de que la esclavitud era una "guerra cruel contra la naturaleza humana", pero esa parte, y fragmentos similares, fueron eliminados por otros delegados más reconocidos.

Durante los siguientes cinco años, los estadounidenses y los británicos lucharon en la guerra de Independencia. Y mientras los soldados británicos asaltaban las costas de Virginia en busca de Jefferson, él se escondía con su familia, escribiendo. Imagina. El hombre que había redactado el documento que avivó aún más la guerra estaba escondido. Como dice mi madre: "No tires la piedra y luego escondas la mano". Jefferson, indudablemente, estaba escondiendo la mano. Pero la mostró poco después, porque mientras se ocultaba para no ser capturado, decidió responder por escrito una serie de preguntas de un diplomático francés que estaba recopilando información acerca de América (porque América se estaba convirtiendo en ¡ESTADOS UNIDOS!). Y en lugar de simplemente responder a las preguntas, Jefferson decidió ponerse en acción y contar su verdad.

Tituló su libro de respuestas *Notas sobre el Estado de Virginia*. En él, expresó sus verdaderos pensamientos acerca de los negros. Oh, oh. Dijo que nunca podrían asimilarse porque eran inferiores por naturaleza. Oh, oh. Dijo que sentían más amor, pero menos dolor. Oh, oh. Que no reflexionaban y actuaban guiados por sus instintos. ¡Uff! Que la libertad de los esclavos resultaría en el exterminio de una de las razas; es decir, en una guerra racial. Oh, oh. Y la respuesta al "problema" de los esclavos era que debían ser enviados de regreso a África. Parece que se olvidó de sus "amigos negros", ¿verdad? Aquellos que había conocido como inteligentes herreros, zapateros, albañiles, toneleros, carpinteros, ingenieros, fabricantes, artesanos, músicos, agricultores, parteras, médicos, supervisores, amas de llaves, cocineros y traductores bilingües y trilingües —todos los trabajadores que hicieron que su plantación de Virginia y muchas más fueran casi completamente autosuficientes—.

Oh, sorpresa.

Y esta es la mejor parte: Jefferson no tenía intenciones de publicar estas notas tal cual, pero un pequeño impresor astuto lo hizo sin su permiso.

¡Oh, sorpresa!

La vida de Jefferson fue una gran contradicción en todo lo relacionado con la gente negra, como si se debatiera entre lo que sabía que era verdad y lo que *se suponía* que era verdad. En 1784, Jefferson se mudó a París. Su esposa había muerto y su vieja casa de Monticello, de repente, resultaba demasiado solitaria. Estaba exhausto por su duelo y por los años de persecución por los británicos. Entonces, hizo lo que siempre parecía hacer en momentos de crisis. Huyó. A Francia. Tan pronto como se puso en contacto con el ministro francés de relaciones exteriores, les envió un mensaje a sus propios esclavos para acelerar la producción de tabaco, con la esperanza de que los comerciantes franceses pudieran pagarles a los acreedores británicos. Por un lado, Jefferson les estaba pidiendo a sus esclavos que trabajaran más duro y, por el otro, les estaba diciendo a los abolicionistas que no había nada que él deseara más que el fin de la esclavitud. Y mientras él estaba ocupado haciendo su papel de buen muchacho, promocionando, defendiendo y asegurándose de que los franceses supieran que América se estaba convirtiendo en ¡ESTADOS UNIDOS! (y también pasándolo muy bien en Francia), en casa, se estaba llevando a cabo una convención en Filadelfia para hablar sobre la nueva constitución.

Resulta que la declaración de independencia redactada por Jefferson dio lugar a años de violentos enfrentamientos con los británicos; pero, sobre todo, puso al descubierto un gobierno estadounidense débil. De modo que la nueva constitución debía definirlo y solidificarlo. Pero antes de que quedara grabada en piedra, tenían que llegar a una serie de compromisos.

1. **El Gran Compromiso:** creó la Cámara y el Senado. Dos senadores por estado. Una Cámara de Representantes basada en la población. Cuanto mayor fuera la población, más representantes podría tener cada estado para luchar por sus intereses. Esto generó problemas, específicamente entre los estados del Sur y los del Norte, porque no estaban seguros de cómo contar a los esclavos. Eso nos lleva a...

2. **El Compromiso de las Tres Quintas Partes:** el Sur quería jugar a dos bandas. Por un lado, no querían contar a los esclavos como personas, sino como

propiedad, porque mientras más habitantes, más impuestos se debían pagar. *Pero*, por otro lado, necesitaban una mayor población, porque cuanto más creciera, mayor sería la representación que les tocaría: y una mayor representación implicaba más poder. Y el Norte, por su parte, decía: "¡No! Los esclavos no pueden ser humanos", porque el Norte no tenía (tantos) esclavos y, por lo tanto, no podía arriesgarse a dejar que el Sur tuviera más poder. El compromiso consistió entonces en crear una fracción. Cada cinco esclavos equivalían a tres humanos. Para sacar la cuenta, es como decir que, si hay quince esclavos en la habitación, en el papel cuentan solo como nueve personas.

Esta ecuación de las tres quintas partes de un hombre funcionaba tanto para los asimilacionistas como para los segregacionistas, porque encajaba perfectamente en el argumento de que los esclavos eran, al mismo tiempo, humanos *e* infrahumanos, algo con lo que ambos grupos estaban de acuerdo. A los asimilacionistas, la regla de los tres quintos les permitía argumentar que tal vez algún día los esclavos podrían alcanzar los cinco quintos. Estar completos. Blancos. Algún día. Y para los segregacionistas, este argumento demostraba que los esclavos eran, matemáticamente, de poco valor. Los segregacionistas y asimilacionistas podían tener diferentes intenciones, pero ambos coincidían en que los negros eran inferiores. Y ese acuerdo, ese vínculo compartido, permitió que la esclavitud y las ideas racistas quedaran permanentemente estampadas en el documento fundacional de Estados Unidos.

Mientras todo esto ocurría, Jefferson estaba en Francia, pasándola bien. Bueno, por lo menos hasta que estalló la Revolución francesa. Al principio, no le importaron los disturbios franceses. De cierta manera, lo hacía feliz saber que Estados Unidos no era el único país en guerra. Pero luego el conflicto se extendió a Haití. Y eso sí era un problema. Un *gran* problema.

En agosto de 1791, cerca de medio millón de africanos esclavizados en Haití se levantaron contra el dominio francés. Fue una sublevación como nunca se había visto. Una rebelión que los africanos *ganaron*. Y gracias a esa victoria, Haití se convirtió en el símbolo de la libertad en el hemisferio oriental. No Estados Unidos. Y lo preocupante para todos los dueños de esclavos estadounidenses, incluido Thomas Jefferson, era que sabían que la Revolución haitiana inspiraría a sus esclavos a luchar también.

CAPÍTULO 9

La persuasión edificante

Este es un capítulo breve.

Imagínalo como un paréntesis, una nota al margen, un *solo para que sepas*.

Los negros —los esclavos— empezaron a liberarse. A ser fugitivos. Y los abolicionistas instaban a las personas recién liberadas a ir a la iglesia con regularidad, a aprender a hablar "buen" inglés, aprender matemáticas, un oficio, casarse, mantenerse alejado de los vicios (fumar y beber) y, en suma, vivir lo que ellos consideraban una vida respetable. En suma, vivir como las personas blancas. Si las personas negras se comportaban de manera "admirable", podrían demostrar que todos los estereotipos sobre ellos eran incorrectos.

Esta estrategia se denominó persuasión edificante. Era racista porque quería decir que la gente negra no podía ser aceptada como era, y que debía encajar en una suerte de molde de persona blanca para merecer su libertad. Durante la década de 1790, la persuasión edificante funcionó. Al menos, así lo parecía.

Es importante que tengas esto en cuenta porque se volvió la piedra angular del pensamiento asimilacionista, el cual básicamente decía:

Vuélvete pequeño,

vuélvete inofensivo,

vuélvete lo mismo,

vuélvete seguro,

vuélvete tranquilo y callado,

para que las personas blancas
se sientan cómodas
con tu existencia.

CAPÍTULO 10

Un hombre de grandes contradicciones

Erudito. Asimilacionista. Dueño de esclavos. Hombre de buena vida. Autor. Secretario de Estado. Vicepresidente. Pero antes de que Thomas Jefferson asumiera el rol de presidente, sus ideas racistas pasaron a ocupar un lugar destacado en la mente de muchas personas blancas. Especialmente porque los esclavos, muchos de los cuales todavía se sentían inspirados por la Revolución haitiana, continuaban intentando sublevarse.

Como Gabriel y Nancy Prosser. Los Prosser estaban planeando una sublevación de esclavos, reclutando a cientos de ellos para llevar a cabo un levantamiento en Virginia. Estaba todo planeado. Y estaba destinado a ser épico. Cientos de cautivos iban a marchar en Richmond, donde robarían cuatro mil mosquetes que estaban sin vigilancia, arrestarían al gobernador y paralizarían la ciudad hasta que llegaran otros esclavos de los condados circundantes para negociar el fin de la esclavitud y el establecimiento de la igualdad de derechos. Se reclutarían aliados entre los blancos pobres y los nativos americanos de Virginia. Se perdonaría la vida a los metodistas, cuáqueros y franceses amistosos. Pero los negros racistas serían asesinados. Los Prosser tuvieron en cuenta el hecho de que los antirracistas de cualquier color eran más necesarios, más importantes para su liberación, que los asimilacionistas negros. Y esta teoría quedó demostrada cuando la revuelta y la identidad de quienes la estaban planeando fueron descubiertas.

La revuelta estaba programada para el sábado 30 de agosto de 1800. Pero dos esclavos cínicos —soplones—, suplicando el favor de su amo, traicionaron la que iba a ser la mayor revuelta de esclavos en la historia de América del Norte, con al menos cincuenta mil rebeldes uniéndose desde sitios tan lejanos como Norfolk, Virginia. Eso fue todo lo que hizo falta para que el gobernador James Monroe tuviera una milicia esperando. Con el tiempo, Gabriel Prosser fue capturado y ahorcado. Fin del juego.

Bueno, no del todo. Más bien, un cambio en las reglas del juego.

La intentada (y fallida) sublevación puso nerviosos a los dueños de esclavos. Como debía ser. Entonces, del suelo de la esclavitud brotaron nuevas ideas racistas para proteger las vidas de los blancos. Enviar esclavos "de regreso" a África y al Caribe —la idea de colonización de Thomas Jefferson— fue una de ellas.

Mucha gente apoyó la estrategia de colonización, incluidos (con el tiempo) un delegado de Virginia, Charles Fenton Mercer, y un clérigo antiesclavista, Robert Finley. Finley acabaría tomando la idea de la colonización y llevándola adelante. Fundó una organización llamada la Sociedad Americana de Colonización [ACS, por sus siglas en inglés] y escribió su manifiesto, en el cual describió cómo los negros libres necesitarían ser entrenados para valerse por sí mismos de manera que pudieran regresar a África y ocuparse de su tierra natal. Construirla. Civilizarla. Pero cuando les propusieron todo esto a los negros que habían sido liberados, ellos no fueron de esa opinión. No quisieron nada de eso. Las personas negras no querían "volver" a un lugar que nunca habían conocido. Habían construido a Estados Unidos como esclavos y querían cosechar los frutos de su labor como personas libres.

América era ahora su tierra.

Este debate, las vaivenes sobre qué se debía hacer con los esclavos y los negros libres, fue lo que le tocó enfrentar a Thomas Jefferson cuando se convirtió en presidente en 1801. Y su respuesta a todo el alboroto fue que necesitaba poner en marcha una política que según él pudiera iniciar de verdad el proceso de disolución de la esclavitud, y llevar en última instancia a la colonización.

Un momento. Pero él tenía esclavos.

Un momento. Entonces, ¿quería acabar con la esclavitud, pero no liberar a sus propios esclavos?

Un momento. ¿Jefferson era esclavista *y* antiesclavista?

Contradicción. Ese podría haber sido su segundo nombre. Thomas *Contradicción* Jefferson. Y eso no había cambiado en 1807 cuando, como presidente, propuso una nueva Ley de Comercio de Esclavos. El objetivo era detener la importación de personas de África y el Caribe a Estados Unidos y multar a los traficantes ilegales de esclavos. (¡Sí!). En cambio, la ley resultó ser poco efectiva y no hizo nada para detener la esclavitud doméstica o el comercio internacional de esclavos. (¡No!). Los niños seguían siendo arrebatados a sus padres y los barcos negreros vendían esclavos "río abajo" desde Virginia hasta Nueva Orleans, viaje que duraba tantos días como el viaje cruzando el Atlántico. (¡Nooo!). Y Jefferson, el hombre que había firmado esta Ley de Comercio Transatlántico de Esclavos, comenzó a "criar" esclavos. (¡NO!). Él y otros dueños de esclavos con ideas afines comenzaron a empujar a sus esclavos y esclavas a concebir hijos para ellos, los amos, poder seguirles el paso a las demandas agrícolas del Sur profundo. Los esclavos eran tratados como fábricas humanas, máquinas agrícolas de parto. Tractores con latidos. Excavadoras que sangran.

CONTRADICCIÓN

Pero al final de su mandato presidencial, Jefferson había tenido suficiente. Estaba cansado de todo. Esta vez, de verdad. Caso cerrado. Estaba dispuesto a alejarse de todo, del lío y la locura de Washington, y regresar a su casa en Virginia, donde podía leer, escribir y pensar. Su libro *Notas sobre el estado de Virginia* habría sido un *bestseller* si los bestsellers hubieran existido en aquel entonces, y en ese momento de su vida, hubiera incluso querido no saber más nada de la fama que esa obra le había traído.

Ahora parecía estar probando hacer algo diferente. Al menos, lo estaba intentando. Se había disculpado por la esclavitud.

HAGAMOS UNA PAUSA.

Se había disculpado por la esclavitud.

CONTINUEMOS. Se había jubilado y regresado a Monticello para poder… administrar su plantación.

HAGAMOS UNA PAUSA.

¿Para poder administrar su plantación?

CONTINUEMOS. Había expresado su remordimiento por la esclavitud, pero todavía necesitaba mano de obra esclava para pagar sus deudas y sus lujos. Y además de eso, aunque se había cansado de la lucha contra la esclavitud (que también era a favor de la esclavitud para él), seguía y seguía y seguía abogando por mandar a los negros de regreso a África.

Y si no a África, a Luisiana.

Jefferson había comprado el Territorio de Luisiana a los franceses al inicio de su presidencia. Quería que fuera un refugio seguro para los esclavos liberados. Se suponía que iba a ser una burbuja protectora (léase *jaula*) para los negros, donde estarían libres de peligro, y con la cual las personas blancas podrían estar a salvo de su posible reacción a, qué sé yo, todo aquel asunto de la esclavitud. Era la colonización dentro del país, que era como desterrar a la gente negra al sótano de la casa que habían construido bajo la premisa de que era mejor que dormir en la calle. Pero el Territorio de Luisiana se tambaleó cuando entró en juego la cuestión de Missouri.

Debes recordar que tu mapa no es el mismo que ellos usaban. Los cincuenta estados aún no existían. Entonces, Luisiana —o como se conocía en esa época, el Territorio de Luisiana—, ocupaba todo el centro del país. Se extendía de norte a sur. No era la "bota" que conocemos ahora. ¿Trombones y frijoles colorados? No.

La parte norte de esa franja de Luisiana se separó para conformar el Territorio de Missouri. Su ubicación —la parte de Missouri— estaba casi justo en el medio del país, lo que significaba que había un dilema geográfico que resolver: ¿Missouri se consideraría un estado esclavista o libre?

Bueno, la respuesta es que se aprobó un proyecto de ley para admitir a Missouri en la *Unión* (el Norte) como estado *esclavista*. Un hombre llamado James Tallmadge Jr. añadió una enmienda a ese proyecto de ley que hacía ilegal que los africanos esclavizados ingresaran al nuevo estado, y declaraba que todos los niños nacidos de esclavos *en* el estado serían liberados a la edad de veinticinco años. La Enmienda Tallmadge provocó un debate explosivo que ardió durante dos años. Los sureños la veían como una artimaña para limitar el poder político de la agricultura del Sur, y para entrometerse con su dinero e influencia en la Cámara de Representantes y, por lo tanto, con su poder.

Al final, el debate fue apaciguado mediante un compromiso más. El Compromiso de Missouri de 1820. El Congreso acordó seguir adelante y admitir a Missouri como un Estado esclavista, pero admitió también a Maine en calidad de Estado libre para asegurar de que siguiera habiendo la misma cantidad de Estados esclavistas que de Estados libres, de modo que ninguna región, o forma de gobernar, se sintiera en desventaja. Equilibrio. Y también para prohibir la introducción de la esclavitud en la sección norte del vasto Territorio de Luisiana de Jefferson. Su tierra experimental para la colonización. Un experimento que parecía poco probable.

Pero Jefferson nunca renunciaría a esa idea. Incluso en su vejez. Y aunque no apoyaba realmente a la Sociedad Americana de Colonización de Finley, sí consideraba que la misión era grandiosa. Desde su perspectiva, era casi como si estuviera enviando a los negros de regreso a casa luego de una estadía en un campamento de vacaciones, más inteligentes y más fuertes y listos para construir. Como si fuera benevolente y quizá hasta redentor. Thomas *Contradicción* Jefferson, quien creció con *amigos negros*, esperaba que todo lo malo desapareciera y que a fin de cuentas la esclavitud produjera "más bien que mal".

Al menos, esa es una cara de la moneda. El lado liso. El lado rugoso de la intención de Jefferson era que, en el fondo, creía que enviar a las personas negras *de vuelta a su lugar de origen* haría de Estados Unidos lo que, a sus ojos, siempre debió ser: un patio de recreo para personas cristianas, blancas y ricas. A pesar de que los africanos habían sido traídos a esta tierra. Esclavizados. Drenados de sus habilidades y conocimientos para cultivar y cuidar cultivos; explotados por su poder físico y su creatividad para construir estructuras y preparar comidas; despojados de su voluntad reproductiva, de sus religiones e idiomas, de su dignidad. Suelo americano empapado de sangre negra, su ADN ahora literalmente entretejido con las fibras de esta tierra.

Me pregunto si la gente negra estaría pensando: "¿Adónde podemos mandarlos a todos ustedes? ¿De vuelta a Europa?". O tal vez, en lugar de *enviarlos*, estaban pensando más bien en *acabar* con ellos. No pasaría mucho tiempo antes de que se tomara esa decisión por Jefferson.

Cuando llegó la primavera de 1826, la salud de Jefferson se había deteriorado hasta el punto de que no podía salir de casa. Aquel verano, ni siquiera pudo levantarse de la cama. Estaba tan enfermo que no pudo asistir a la celebración de los cincuenta años de la Declaración de Independencia.

Aparte de los hijos que había tenido con una de sus esclavas, Sally Hemings (¿cómo puedes amar de verdad a una persona que posees?), Jefferson no liberó a ninguno de los otros esclavos que había en Monticello, a pesar de que creía que la esclavitud era moralmente incorrecta, consolidando, de una vez por todas, el vencedor en su lucha entre lo ético y lo económico. Un historiador estimó que Jefferson había tenido más de seiscientos esclavos a lo largo de su vida. En 1826, era propietario de unas doscientas personas y tenía una deuda de aproximadamente $100 000 (alrededor de $2.5 millones en la actualidad). Una cantidad tan enorme que sabía que, una vez que muriera, todo —y todos— serían vendidos.

El 2 de julio de 1826, Jefferson parecía estar luchando por mantenerse con vida. El hombre de ochenta y tres años se despertó antes del amanecer del 4 de julio y llamó a los sirvientes de la casa. Los rostros negros esclavizados se reunieron alrededor de su cama. Probablemente fueron su última visión y les dedicó sus últimas palabras. Había sido un segregacionista en ocasiones, un asimilacionista otras veces —por lo general, ambos al mismo tiempo—, pero nunca llegó a ser antirracista. Sabía que la esclavitud estaba mal, pero no lo suficiente como para liberar a sus propios esclavos. Desde niño supo que los negros eran personas, pero nunca los trató como tales. Los vio como "amigos" pero nunca los *vio* realmente. Sabía que la vida en libertad era lo justo, pero no la libertad de vivir en América. La América construida sobre las espaldas de los esclavos. Sabía que *todos los hombres son creados iguales.* Lo escribió. Pero no pudo reescribir sus propias ideas racistas. Y lo irónico era que ahora su vida había cerrado el círculo. En el recuerdo más temprano de su infancia y en su último momento de lucidez, Thomas Jefferson yacía allí, agonizando —la muerte es el gran igualador— confortado por la esclavitud. Envuelto en una consolación que esos esclavos jamás tuvieron.

SECCIÓN

III

1826-1879

CAPÍTULO 11

Comunicación masiva para una emancipación masiva

Yo tenía un amigo. Llamémoslo Mike. Medía un metro noventa y cinco y pesaba tranquilamente sus 130 kilos. Un jugador de fútbol americano. Lo había visto derribar a otros jugadores en el campo de juego y poner a algunos niños de sus padres en camillas, en nombre del orgullo escolar y la victoria atlética. Lo había visto gruñir, escupir y darse palmadas como una bestia. Y nosotros lo vitoreábamos. Lo nombrábamos en los anuncios matutinos, escribíamos sobre él en el periódico escolar e incluso organizamos una rueda de prensa en la escuela cuando se dedicó a jugar fútbol americano en la universidad.

Pero muchos de nosotros lo aplaudíamos por otras razones. Porque también formaba parte del club de tap. Porque interpretó a Santa Claus en la obra de fin de año.

Porque tomó clases de escritura creativa (conmigo) para explorar su amor por la poesía. Porque se pronunció en contra del maltrato a las mujeres en nuestra escuela y defendía a los compañeros de clase que eran víctimas de los abusones.

Mike no siempre hacía las cosas bien, pero siempre estuvo abierto a aprender y nunca tuvo miedo de intentar.

El abolicionista William Lloyd Garrison era así: un hombre con poder y privilegios que no temía intentar. Pero antes de llegar a él, nos tenemos que ocupar de la impresionante cadena de coincidencias que lo llevaron a convertirse en una figura central en el diálogo sobre raza y abolicionismo.

Coincidencia 1: tanto Thomas Jefferson como John Adams (el segundo presidente, anterior a Jefferson) murieron el 4 de julio de 1826, en el quincuagésimo aniversario de la Declaración de Independencia. En lugar de interpretar esta doble muerte como una señal de que las antiguas formas de hacer las cosas estaban pasadas de moda —literalmente muertas— la gente las vio como una especie de incentivo para llevar adelante su legado. Y resulta que esos legados estaban profundamente entretejidos con la esclavitud. Boston había crecido hasta tener casi sesenta mil habitantes y estaba completamente inmersa en la revolución industrial de Nueva Inglaterra, que ahora estaba montada en los rieles del algodón sureño.

Coincidencia 2: aunque el movimiento abolicionista revolucionario estaba prácticamente muerto, la Sociedad Americana de Colonización [ACS, por sus siglas en inglés] de Robert Finley todavía funcionaba a toda máquina, tratando de conseguir que los esclavos liberados regresaran a África y fundaran su propia colonia. En 1829, la ACS le pidió a un revoltoso de veintitrés años llamado William Lloyd Garrison que se encargara del discurso del Cuatro de Julio. Garrison era *el* hombre. Era inteligente y progresista, y trabajaba como editor de un periódico abolicionista dirigido por cuáqueros. Pero la ACS no sabía que Garrison se había inclinado más a favor del abolicionismo que de la colonización. Apoyaba una abolición gradual —una libertad por pasos—, pero abolición al fin y al cabo. Y de eso habló en la conferencia de ACS, lo cual, digamos, estaba un poco fuera de lugar. Era como si alguien que estuviera hablando en una conferencia de Nike dijera que la estrategia futura para correr mejor no era tener mejores zapatos deportivos, sino mejores pies. ¡Y que Nike debía descubrir cómo hacer mejores pies!

Garrison no era el único hombre que pensaba de esta manera (acerca de la abolición de la esclavitud, no de los zapatos deportivos) y no tenía miedo de hablar en contra de la colonización. David Walker pensaba igual. Walker era un hombre negro y había escrito un folleto, *Llamamiento a los ciudadanos de color del mundo*, refutando la idea de que las personas negras habían sido creadas para servir a los blancos. El *Llamamiento...* de Walker se propagó, Garrison lo leyó y, finalmente, los dos hombres se conocieron. Pero antes de que pudieran empezar a planificar algo en contra de la esclavitud, Walker, de apenas treinta y tres años, murió de tuberculosis.

Las ideas de Walker influenciaron en gran medida a Garrison, quien las llevó adelante y las difundió haciendo lo mismo que todos habían hecho antes: Literatura. Escritura. Lenguaje. La única diferencia era que los propagandistas predecesores de Garrison siempre habían difundido información dañina. Al menos sobre la gente negra. Siempre habían publicado veneno, discursos sobre la inferioridad negra y la superioridad blanca. Pero Garrison decidió ir en contra de esa tendencia y lanzar un periódico: *El Libertador*. El nombre por sí solo ya era como prender un fósforo. El periódico le dio un nuevo impulso al movimiento abolicionista entre los blancos. En su primer artículo editorial, Garrison cambió su perspectiva de la abolición gradual a la abolición inmediata. Es decir, él solía creer que la libertad debía ser gradual. Algo que se conseguiría poco a poco. A paso lento. Pero ahora pensaba que debía ser inmediata. Libertad ahora mismo. Enseguida. Había que romper las cadenas. Punto. Pero (porque siempre hay un *pero*) *igualdad* inmediata, bueno… esa era otro cuento y, según Garrison, debía darse… paso a paso. Gradualmente. Entonces, libertad física ahora, pero libertad social… *con el tiempo*.

Esta idea de igualdad gradual se basaba en los mismos principios de la persuasión edificante. Los negros eran considerados temibles y era responsabilidad de ellos convencer a los blancos de que no lo eran. Al menos, eso pensaba Garrison. Pero esta idea fue cuestionada por un hombre que no solo se oponía al concepto de la igualdad gradual, sino también a la noción de que los negros necesitaban ser salvados por los blancos, o que ellos —las personas negras— fueran en medida alguna parte del problema. Su nombre era Nat Turner. Era esclavo y predicador, y así como antes del Siglo de las Luces los dueños de esclavos creían que la esclavitud era una misión sagrada, Turner pensaba que lo mismo valía para la libertad. Que él había sido llamado por Dios para planear y ejecutar una cruzada masiva, un levantamiento que liberaría a los esclavos y que implicaría masacrar a sus amos, a las esposas de estos e incluso a sus hijos. Todo en nombre de la liberación. Y así fue. Hubo mucho derramamiento de sangre en todo el estado de Virginia hasta que Turner fue, finalmente, capturado y ahorcado.

Una vez más, los dueños de esclavos se asustaron. Y reforzaron el yugo.

Garrison contrarrestó la intensidad de los amos de los esclavos con su propia vehemencia. Escribió un libro que refutó las ideas de los que apoyaban la colonización y dio origen a un nuevo grupo llamado Sociedad Antiesclavista Americana [AASS, por sus siglas en inglés]: un grupo de abolicionistas. En la reunión anual de la AASS, en mayo de 1835, sus miembros decidieron confiar en la nueva tecnología de impresión en serie y en un servicio postal eficiente para invadir al país con entre veinte y cincuenta mil panfletos a la semana. Garrison comenzó a inundar el mercado con nueva y mejorada información abolicionista. Redes sociales antes de que existieran las redes sociales. Y los dueños de esclavos no tenían ni idea de lo que se avecinaba: un millón de panfletos contra la esclavitud distribuidos antes de acabar el año.

CAPÍTULO 12

El tío Tom

Con tanta información antiesclavista flotando alrededor, creció el odio y el miedo de las personas que estaban a favor de la esclavitud —principalmente políticos y académicos blancos—, y por lo tanto, sus ridículas ideas racistas se reforzaron. Había gente que todavía predicaban que la esclavitud era buena, que era la voluntad de Dios. Que la igualdad entre las razas era imposible porque las especies eran diferentes. Sí, todavía estaban atascadas en la teoría del poligenismo, pero esta vez consiguieron el respaldo de la "ciencia". Un científico, Samuel Morton, el padre de la antropología estadounidense, estaba midiendo calaveras humanas (asco) y determinó que las personas blancas tenían cráneos más grandes y, por lo tanto, mayor capacidad intelectual. Este argumento, por cierto, ha sido el que he usado toda mi vida para defenderme cuando me dicen que soy cabezón. *Sí, claro, porque tengo un gran cerebro.* ¡No sabía que era un científico!

Tampoco sabía que era un... demente. No lo soy. Pero si hubiera estado vivo y libre en ese entonces, es muy probable que me hubieran etiquetado como tal. El informe del Censo de Estados Unidos de 1840 decía que los negros libres eran dementes y los esclavos, cuerdos, y que las personas birraciales tenían una esperanza de vida más corta que los individuos blancos. Por supuesto que no era cierto. Estaban manipulando la información.

En su libro, *Crania Aegyptiaca*, Samuel Morton también introdujo la idea de que históricamente había existido un Egipto "blanco" que tenía esclavos negros. ¿Quién lo sabía? (La respuesta es nadie. Ni siquiera los egipcios). La propaganda siguió apareciendo. Cualquier cosa para justificar la supremacía y la esclavitud.

Y si la literatura sinsentido y los "estudios" falsos marcaban el ritmo del racismo —una percusión que se repetía continuamente—, entonces, John C. Calhoun, un senador de Carolina del Sur, fue el animador de la esclavitud —uno muy eficaz—, listo para estremecer a la multitud racista. Calhoun incluso luchó para que Texas se convirtiera en un estado esclavista en las elecciones de 1844. Se estaba postulando para un cargo y le molestaba que los congresistas siquiera consideraran discutir el tema de la emancipación. ¿Posiblemente acabar con la esclavitud? ¡Un ultraje! Calhoun finalmente retiró su postulación, y qué bueno que lo hizo, porque William Lloyd Garrison estaba a punto de presentarle un arma secreta al movimiento abolicionista.

Verás, una cosa es hablar *acerca* de la esclavitud. Hablar de cómo vivían los esclavos, de lo que pensaban y de lo bien que lo pasaban. Otra cosa es escuchar a un hombre que *era* esclavo contar su propia historia. Había una nueva persona negra "especial" en escena. Una nueva pieza negra de exhibición. Una nueva Phillis Wheatley, pero que, esta vez, ya tenía quien le publicara su libro. Garrison se encargaría de eso.

Esa persona se llamaba Frederick Douglass.

En junio de 1845, se publicó *Relato de la vida de Frederick Douglass, un esclavo americano.* La obra resumía la vida de Douglass y relataba, de primera mano, los horrores de la esclavitud. Fue un éxito y un arma necesaria para luchar, una vez más, contra la idea de que las personas negras eran inferiores y que los blancos eran esos cristianos benévolos que personas como Zurara y Cotton Mather se habían esforzado tanto en caracterizar.

El libro también estaba destinado a ganar algún tipo de simpatía blanca. Pero Douglass era un esclavo fugitivo con un libro sobre ser un esclavo fugitivo, lo que significaba que, básicamente, se había delatado a sí mismo y necesitaba huir más lejos. Entonces, se fue a Gran Bretaña y difundió su mensaje contra la esclavitud allá, mientras que, en Estados Unidos, los políticos que estaban a favor de la esclavitud —ahora con Texas como Estado esclavista— presionaban por una expansión aún mayor hacia el oeste.

La historia de Douglass no fue la única (¿hay alguna vez solo una?). De hecho, su narración provocó que se contaran muchas otras, incluida la de una mujer esclava: *La historia de Sojourner Truth*. Hasta ese momento, las mujeres habían estado al margen del diálogo sobre la esclavitud. Como si no fueran esclavas. O, como si no fueran dueñas de esclavos. Sojourner Truth era una antigua esclava con las agallas de una esclavista. El tipo de mujer que se ponía de pie en una habitación llena de personas blancas y declaraba su humanidad. Era audaz y esa audacia, junto con las noticias acerca de la Ley de Esclavos Fugitivos, que permitía capturar a negros libres y enviarlos a los campos de algodón, le inspiró a una escritora blanca un libro que sería mucho, mucho más conocido que el de Truth o el de Douglass.

El libro se llamaba *La cabaña del tío Tom*.

La autora, Harriet Beecher Stowe.

APUNTES SOBRE *LA CABAÑA DEL TÍO TOM*:

1. Tom, un esclavo, es vendido río abajo.
2. Conoce a una niña blanca, Eva.
3. El padre de Eva compra a Tom.
4. Tom y Eva se hacen amigos, vinculándose por su cristianismo.
5. Eva muere dos años después, pero no antes de tener una visión del cielo.
6. Después de su muerte, las personas blancas deciden cambiar sus comportamientos racistas.
7. El padre de Eva incluso promete darle la libertad a Tom.
8. El padre de Eva muere antes de liberar a Tom y la madre de Eva se lo vende a un amo más severo.
9. Este amo (Simon Legree) odia a Tom porque se negó a azotar a un compañero esclavo.

10. Legree intenta destruir a Tom quebrantando su fe. Pero Tom se aferra al cristianismo. Entonces, Legree lo manda a asesinar.

Moraleja de la historia: Todos debemos ser esclavos... de Dios. Y como los negros dóciles eran los mejores esclavos (del hombre), resultaban ser los mejores cristianos. Y como los blancos autoritarios eran los peores esclavos, eso los hacía los peores cristianos. Por lo tanto, la esclavitud, que era un ataque brutal contra la humanidad negra, no era en verdad más que una prueba de que los blancos no eran buenos creyentes en Jesús.

Ya sé. Pero bueno, no tenía por qué tener mucho sentido. A pesar de las críticas de grandes intelectuales como William Lloyd Garrison —quien señaló en *El Libertador* la beatería religiosa del libro y el respaldo de Stowe a la colonización— y de Frederick Douglass —quien, desde un ángulo asimilacionista, les aseguró a las personas blancas que el hombre negro, a diferencia del nativo, *ama* la civilización y por eso nunca volvería a África (como si África fuera incivilizada)—, *La cabaña del tío Tom* fue una explosión y se convirtió en el libro más grande de su tiempo. Harriet Beecher Stowe se convirtió en la J. K. Rowling de los libros de esclavos. Y aunque los hombres negros odiaban la novela porque los describía como personas débiles, la historia de Stowe estaba atrayendo al movimiento abolicionista a más norteños que los que habían logrado ganarle los escritos y discursos de Garrison y Douglass en la década de 1850. Y eso no era poca cosa. Garrison había utilizado *El Libertador* como una caja de resonancia antirracista consistente, y Douglass había argumentado con valentía contra el poligenismo y demostrado que no existía el Egipto blanco, lo cual lo había convertido en el abolicionista *y* asimilacionista negro más famoso del mundo. Pero las mujeres apoyaban a Stowe. Estaban dispuestas a luchar por sus derechos y prenderle fuego a la nación.

Stowe era su gasolina.

Y su novela fue una bomba de tiempo que hizo tictac, tictac… y, después de estallar, sentó las bases para una nueva fuerza política, especialmente en lo que respecta al diálogo acerca de la esclavitud: Abraham Lincoln.

CAPÍTULO 13

Abe el Complicado

Cuando pensamos en Abraham Lincoln, nos viene a la mente Abe el Honesto, con su traje negro, camisa blanca, sombrero de copa, barba. El Gran Emancipador (jummm), uno de los más conocidos y queridos presidentes en la historia de Estados Unidos.

Eso es lo que nos han enseñado.

Pero Lincoln no fue tan simple. Como mencioné al inicio de este camino, la vida rara vez encaja perfectamente en un molde. La gente es complicada, egoísta y contradictoria. Quiero decir, si hay algo que hemos aprendido de Thomas Jefferson, es que puedes ser antiesclavista y no antirracista. Puede ser que no veas a los negros como personas, pero igual sabes que maltratarlos y esclavizarlos es malo para tu negocio. Malo para tu imagen. Malo para tu oportunidad. Eso se ajusta más al tipo de persona que era Lincoln.

Guau. Ya sé. Esto quiere decir que quizá deberíamos repensar todo ese asunto de "Abe el Honesto".

De todas formas, tampoco era un apodo muy bueno.

Lincoln ni siquiera fue tan buen político al principio. Antes de ganar, perdió. Un hombre llamado Stephen Douglas le propinó una paliza en las elecciones al Senado de 1858. Douglas apoyaba la esclavitud. Lincoln estaba luchando en nombre del movimiento abolicionista —porque no puedes ganar si no tienes un punto de vista opuesto que debatir— y de los miembros de Suelo Libre, personas que pensaban que la esclavitud no debía seguir extendiéndose hacia el oeste. Los dos hombres debatieron y Douglas, de lengua ágil y traje elegante, limpió el piso racista con Lincoln y ganó las elecciones.

Pero la derrota no fue en vano. Aunque Lincoln perdió, era evidente que la opinión había cambiado en el país. Un nuevo giro. Lincoln giró con el giro y comenzó a predicar que la esclavitud debía terminar —pero no a causa del horror humano—. Si la mano de obra era gratuita, ¿qué se esperaba exactamente que hicieran los blancos pobres para ganar dinero? Si no eras una de las personas blancas adineradas que poseían esclavos, la esclavitud no funcionaba necesariamente a tu favor. Lo que decía Lincoln tenía una… *triple* cara.

Por un lado, quería que la esclavitud desapareciera. Las personas negras estaban de acuerdo con eso. Por otro lado, no creía que los negros debían tener necesariamente los mismos derechos que los blancos. Los racistas estaban encantados con eso. Y por un tercer lado (¿o en tercer lugar?), argumentaba que el fin de la esclavitud impulsaría la economía de los blancos pobres, con lo cual las personas blancas estaban encantadas. Lincoln había creado una propuesta irrefutable: nadie podía confiar en él (Garrison, *definitivamente*, no lo hacía), pero todos, de cierta manera… querían hacerlo. Y cuando Lincoln perdió, de todas formas causó sensación, ya que su partido, el Partido Republicano, ganó muchos de los escaños de la Cámara de Representantes en los estados que eran antiesclavistas. Tanto es así que Garrison, aunque crítico de Lincoln, se guardó sus críticas porque vislumbró un futuro en el que, tal vez —*tal vez*—, los políticos antiesclavistas podrían asumir el poder.

Pero era simple política para Lincoln. Debido a que había adoptado una postura antiesclavista contra Stephen Douglas, los republicanos fueron etiquetados como "republicanos negros", que era la peor forma de llamarlos, obviamente. Aún había racistas en el Norte. Todavía quedaban racistas en todas partes. ¿Y por qué los racistas querrían votar por el partido que estaba "a favor" de los negros? Entonces, Lincoln cambió de melodía. O tal vez cantó la canción *entera* cuando se postuló para presidente.

Lincoln estaba en contra del voto de las personas negras.

Lincoln estaba en contra de la *igualdad* racial.

Lincoln y el partido se comprometieron a *no* desafiar la esclavitud en el Sur.

Y Lincoln ganó.

Pero cuando el decimosexto presidente de los Estados Unidos ocupó el cargo, los desconfiados dueños de esclavos entraron en pánico. Los aterrorizaba que la institución económica que los mantenía viviendo como reyes pudiera correr peligro. Los aterrorizaba no poder detener las revueltas de esclavos y ser derrocados (¡Haití! ¡Haití!). Entonces, hicieron lo que la mayoría de las personas, bueno…, la mayoría de los abusones hacen cuando han sido derrotados en el patio de recreo. Ellos —el Sur— tomaron su pelota y se fueron.

La *secesión*, que simplemente significa dejar de ser miembro de un grupo —que no hay que confundir con *sucesión*, la línea de personas que comparten un rol uno tras otro (como una sucesión de dueños de esclavos); y tampoco debe confundirse con *success*, la palabra inglesa para "éxito", que significa ganar (porque eso no ocurrió)—, empezó con Carolina del Sur. Se separaron de la Unión. Lo que significa que estaban gestando su propio territorio, donde podían crear sus propias reglas y vivir sus vidas siendo tan racistas como quisieran. Poco después, el resto del Sur se unió a la desunión. Esto era un asunto importante, porque perder una región entera significaba que los otros Estados se quedaban sin los recursos de esa región. Toda esa tierra. Esos cultivos. Esas personas. Esa riqueza. Pero sucedió y los Estados que se separaron adoptaron el nombre de Confederación. Votaron por su propio presidente, Jefferson Davis, quien había declarado que los negros nunca debían ser iguales a los blancos y jamás lo serían. Ahora existían dos gobiernos, como las pandillas rivales. ¿Y qué han hecho siempre las pandillas cuando una de ellas siente que amenazan a su territorio?

¡PELEAR!

Bienvenidos a la Guerra Civil.

El principal factor de cambio en la guerra fue que los esclavos querían luchar contra sus dueños y, por lo tanto, deseaban unirse a los soldados del Norte en guerra.

Querían tener la oportunidad de luchar contra aquello que los había estado maltratando, violando, matando. Entonces, a la primera oportunidad que se les presentaba, huían. Huían, huían, huían en tropel. Huyeron hacia el Norte para pasar a la Unión y unirse a su ejército.

Cualquier cosa por la libertad.

Pero los enviaron de regreso.

Cualquier cosa por la esclavitud.

Los soldados de la Unión estaban haciendo cumplir la Ley de Esclavos Fugitivos, que disponía que todos los fugitivos fueran devueltos a sus dueños. Era el verano de 1861. Pero en el verano de 1862, la Ley de Esclavos había sido revocada y se aprobó un proyecto de ley que declaraba "libres para siempre de su servidumbre" a todos los africanos que, siendo propiedad de los confederados, escaparan para incorporarse a las filas de la Unión o residieran en territorios ocupados por esta. Y solo cinco días después, esa ley se transformó en un proyecto de ley aún más audaz propuesto Lincoln. "Todas las personas mantenidas como esclavas en cualquier Estado [bajo control de los rebeldes] serán desde entonces, de ahora en adelante y para siempre, libres".

Así de simple.

Lincoln fue calificado como el Gran Emancipador, pero, en realidad, la gente negra se estaba emancipando ella misma. A fines de 1863, cuatrocientos mil negros habían escapado de sus plantaciones y se habían unido a las filas de la Unión. Es decir, cuatrocientas mil personas negras alcanzaron la libertad.

O al menos el potencial de ser libres. Porque no vayamos a creer que la vida en el Norte —la vida al otro lado de la frontera— fue inmediatamente bella. No era un bastión de paz y aceptación. La Unión creía más o menos en la misma propaganda sobre la gente negra que la Confederación. La única diferencia era que habían dejado atrás su posesión un poco antes. Pero sus opiniones acerca de los negros —que eran perezosos y salvajes y bla, bla, bla— eran las mismas. Además de eso, muchas personas negras temían que la libertad sin tierra fuera poca cosa. ¿De qué servía ser libres si uno no tiene adónde ir y una forma de construirse una vida propia? ¿Y qué pasaba con el voto? Estas eran algunas de las preguntas a mano, algunos de los problemas que Lincoln estaba tratando de resolver. Con lo que él se *sentía a gusto*, sin embargo, era con la forma en que la gente negra lo elogiaban. Se acercaban a él en la calle, se arrodillaban y le besaban las manos. Y cuando la Guerra Civil finalmente se acabó, en abril de 1865, el día once de ese mismo mes, Lincoln presentó sus planes para la reconstrucción. Y en esos planes, dijo lo que ningún presidente había propuesto antes que él —que las personas negras (las inteligentes) deberían tener derecho al voto—.

No sorprende que tres días después recibiera un disparo en la nuca.

CAPÍTULO 14

La última batalla de Garrison

Tan rápido como se hacen las cosas, también se deshacen.

Tres semanas después de la muerte de Lincoln, William Lloyd Garrison, quien había permanecido firme en su camino antirracista —produciendo literatura antirracista en *El Libertador*, incluyendo sus críticas a las maniobras políticas racistas de Lincoln y su trabajo para la Sociedad Antiesclavista Americana—, dijo que no jugaba más. Anunció que se retiraba. Creía que, como la emancipación era inminente, su obra de abolicionista había terminado. Pero su equipo, sus seguidores, se negaron a detener su trabajo y, en lugar de hacerlo, cambiaron su enfoque hacia el voto negro. Un enfoque favorable a la igualdad inmediata. Y mientras Garrison intentaba salir de escena con un saludo cortés, el sucesor de Lincoln irrumpió con fuerza. Y lo hizo tirando al piso el gran adelanto que había conseguido la gente negra.

Su nombre era Andrew Johnson y revirtió sencillamente muchas de las promesas de Lincoln, permitiendo que los Estados confederados les prohibieran votar a los negros y asegurándose de que su emancipación solo valiera si no violaban leyes. Se crearon códigos negros —códigos sociales utilizados para impedir que las personas negras vivieran libremente—. Se convertirían rápidamente en las leyes Jim Crow, que legalizaban la segregación racial. Ya no había necesidad de resquicios legales. Todo esto se hizo bajo la supervisión del presidente Johnson. Alentó al Ku Klux Klan, permitiéndoles arruinar vidas negras sin consecuencias y consagrar esos códigos y leyes raciales. Resultó que la libertad en Estados Unidos era como arena movediza. Parecía sólida hasta que un negro trataba de pararse sobre ella. Entonces quedaba claro que era un sumidero.

Los antirracistas estaban luchando contra todas estas cosas. Algunas personas, como el congresista de Pensilvania Thaddeus Stevens, incluso lucharon por la redistribución de las tierras para otorgarles a los antiguos esclavos cuarenta acres que pudieran trabajar para beneficio propio. Pero los argumentos en contra de este plan fueron incesantes y racistas, presentados de una forma que hacía parecer estúpidos a los negros liberados. ¿Cómo iban a ser capaces de encargarse de unas tierras que acaban de recibir? Jummm… ¿Preguntaban en serio?

¿Y adivina quién se quedaba callado? William Lloyd Garrison. En 1866, había sufrido dos caídas fuertes que lo relegaron físicamente y decidió no involucrarse en la lucha política contra la discriminación racial. Pero siguió estando atento, observando los obstáculos racistas que se erigían a cada paso y la violencia política y física que procuraba acabar con la liberación negra. Sí, Garrison se mantenía atento, y sus ideas sobre la igualdad gradual seguían evolucionando. Después de todo, había sido su ingenio, lo supiera o no, el que había transformado el abolicionismo de una posición política enredada (como la de Jefferson) a una postura moral simple: la esclavitud era un mal y los racistas que la justificaban o ignoraban eran malvados, y los Estados Unidos tenían el deber moral de eliminar ese mal.

Bum.

Andrew Johnson era uno de los malvados. Hizo todo lo posible porque los negros siguieran siendo esclavos "libres". En respuesta, ellos tuvieron que luchar para construir sus propias instituciones. Sus propios espacios para desarrollarse, como las universidades, o como se les llama ahora: secundarias, facultades y universidades históricamente negras [HBCU, por sus siglas en inglés]. De ahí salió el político (hombre) negro. Y finalmente, el 3 de febrero de 1870, se oficializó la Decimoquinta Enmienda. Esta enmienda garantizaba que no se le pudiera negar el derecho al voto a nadie por motivos de "raza, color o condición previa de servidumbre". Pero lo que pasa con esta enmienda (así como con la Decimotercera y la Decimocuarta) era que tenía vacíos legales. Resquicios racistas. *Huecos.* Verás, no establecía que los políticos negros estarían protegidos. O que los requisitos para votar serían iguales.

Aun así, los racistas no querían que se aprobara la enmienda porque consideraban que otorgarles el derecho al voto a todos los negros implicaba el establecimiento de una especie de supremacía negra. En realidad, solo se trataba de igualdad negra. Oportunidad negra. Las personas negras, desde Boston hasta Richmond y Vicksburg, Mississippi, planearon grandes celebraciones después de la ratificación. Para el discurso de apertura, varias comunidades invitaron a una leyenda viviente a regresar al escenario principal. William Lloyd Garrison.

La Decimoquinta Enmienda era algo muy importante. Pero lo que sucede con los asuntos importantes es

que, si las personas no están atentas, las pueden enga-
ñar para que crean que es un hecho consumado. Que no
quedan razones para luchar. Razones para seguir presionando. Que la libertad es un destino alcanzado. Y eso
fue lo que creyeron Garrison y la Sociedad Antiesclavista
Americana. Como si su trabajo estuviera terminado. La
organización se disolvió en 1870. Todos bajaron la guardia y los racistas estaban ahí, lanzando ganchos de dere-
cha e izquierda al rostro de la libertad.

Venga el terrorismo blanco.

Venga más propaganda sobre negros brutos y salvajes.

Vengan la gente negra haciendo todo lo posible para
defenderse.

EMPODERAMIENTO NEGRO.

Vengan las mujeres a defenderse.

EMPODERAMIENTO FEMENINO.

Vengan los pacificadores políticos.

Vengan más charlas sobre la colonización, esta vez a
la República Dominicana.

Venga la migración nacional. A Kansas. Liberación
de una segunda esclavitud.

Fue esto último, que las personas negras se mudaran
a pastos más seguros como Kansas, lo que apoyó William Lloyd Garrison al final de su vida. Con las personas

negras ansiosas por irse del Sur, ansiosas por darse una oportunidad de estar a salvo, Kansas parecía tener más sentido que el diálogo siempre presente sobre la colonización de África. O incluso el Norte. O el lejano Oeste. Los aliados del Norte trabajaban incansablemente recaudando fondos para la gente negra del Sur que querían huir de Mississippi o Luisiana. Garrison, ahora de setenta y cuatro años, cuyo corazón abolicionista seguía latiendo, trabajó hasta el agotamiento reuniendo recursos para cientos de personas negras que se dirigían a Kansas.

Fue todo lo que pudo hacer.

Había querido la emancipación inmediata. Ahora incluso quería la igualdad inmediata. Ninguna de las dos tuvo lugar durante la Reconstrucción, que se desarrollaría luego de la Guerra Civil. Y ninguna de las dos ocurriría durante su vida.

SECCIÓN
IV

1868-1963

CAPÍTULO 15

La batalla de los cerebros negros

Esto es un recordatorio.

Este no es un libro de historia. Pero, en esta historia, hay algunos nombres que has leído en los libros de historia. Nombres que conoces. Al menos, nombres que deberías conocer. Está bien si no los conoces, porque para eso es este libro que *no* es de historia. Pero… estoy seguro de que éste lo conoces, porque es un nombre que *definitivamente* aparece cada febrero.

William Edward Burghardt Du Bois, o como se le conocía cuando era más joven, Willie Du Bois; o como se le conocía cuando era mayor, W. E. B. Du Bois, porque los apodos son impresionantes cuando tienes cuatro nombres. Él y su hermano fueron criados en Massachusetts, por una madre soltera que luchó para ocuparse de ellos.

El joven Willie enfrentó su primera experiencia racial en un patio de recreo interracial cuando tenía diez años, de la misma manera en que muchos de nosotros experimentamos nuestras primeras experiencias raciales. Una niña rechazó una tarjeta que él le quería regalar. De acuerdo, tal vez esta no sea la primera experiencia *racial* para muchos de nosotros, pero muchos de nosotros padecimos y padeceremos este tipo de rechazo. Para algunos, va a ser una experiencia sentimental —a ella, él o ellos, simplemente, no les interesas— y para otros, como Du Bois, ocurrirá como resultado directo de nuestra diferencia. En su caso, su mayor diferencia era el color de su piel. Eso bastó para que empezara a competir con sus compañeros blancos, decidido a convencerlos de que él no era diferente. Y si era diferente, era porque él era mejor.

W. E. B. Du Bois no lo sabía a los diez años, pero llegaría a convertirse en el rey de la persuasión edificante. El rey de: "Soy capaz de hacer cualquier cosa que ellos puedan hacer". El rey de: "Si soy como tú, ¿me querrás?". Esto lo convirtió, sin duda alguna, en el rey negro de la asimilación.

Al menos por un tiempo.

Pero ya llegaremos a todo eso.

Por ahora, veamos cómo, cuando era adolescente, Du Bois decidió, al igual que Phillis Wheatley unas generaciones antes, que quería estudiar en Harvard. Una Harvard que era totalmente blanca. Pero, por supuesto, esa no era una opción. Entonces, sus vecinos —buenas personas blancas— juntaron dinero y enviaron al joven Willie a la Universidad Fisk, en Nashville, la mejor universidad negra del país y lo mejor de lo mejor a la hora de enseñarles persuasión edificante a las personas negras. Du Bois devoró las lecciones sobre cómo ganarse a los blancos. Y después de su estadía en Fisk, Du Bois pudo poner en práctica lo que había aprendido sobre asimilacionismo.

Su sueño se había hecho realidad. Fue aceptado en Harvard para obtener un título de posgrado.

Pero no solo consiguió entrar, tuvo tan buenos resultados que incluso habló en la ceremonia de graduación.

W. E. B. Du Bois se había graduado de la mejor universidad negra y la mejor universidad blanca, demostrando la capacidad de las personas negras. Al menos en su propia opinión. Como dije antes, estaba obsesionado con emular a los blancos. Corriendo al paso que ellos marcaban. Pero en su discurso, le otorgó reconocimiento a Jefferson Davis —¡Jefferson Davis!—, diciendo que el presidente Confederado representaba un tipo de individualismo resistente, en contraposición a la naturaleza "sumisa" del esclavo. ¡Uff! Tal como John Cotton y

Richard Mather lo habían planeado varias generaciones antes, estas ideas surgían de las prestigiosas aulas a las que había asistido Du Bois, donde, en resumidas cuentas, le habían enseñado el mismo cuento de que la esclavitud había echado a perder a las personas negras. Que eran irredimibles, que necesitaban desesperadamente ser corregidos, pero eran, desafortunadamente, incorregibles; lo que significaba que él era, obviamente, una persona extraordinaria y… una excepción. Pero la raíz de su excepcionalismo, su excelencia, provenía de su condición birracial. *Tenía* que ser eso. Según uno de los mentores intelectuales de Du Bois, los mulatos eran prácticamente lo mismo que cualquier hombre blanco.

Du Bois llegó incluso a culpar a los negros por ser maltratados. Los culpaba por defenderse, lo que significaba que también les echaba la culpa de haber sido linchados. Por ejemplo, cuando los blancos cuestionaron la Decimoquinta Enmienda —el derecho al voto— añadiendo un requerimiento educativo a lo que se suponía que era una libertad para *todos*, Du Bois, un hombre culto, criticó la indignación de las personas negras. Y encontró justificación en la respuesta de los blancos a aquella indignación. Porque los negros estaban infringiendo la ley al querer que los blancos dejaran de infringirla. Estaban equivocados por querer vivir. Y Du Bois no era el único hombre negro que creía que los hombres negros eran malos. Booker T. Washington, la estrella brillante del Instituto Tuskegee —una universidad que producía negros brillantes—, también lo creía, e incluso un Frederick Douglass moribundo pensaba lo mismo. A decir verdad, hizo falta una joven negra antirracista para poner en su lugar a estos hombres racistas.

Ida B. Wells-Barnett fue una periodista que realizó las investigaciones necesarias para exponer las inconsistencias en los datos. En un folleto que publicó en 1892, titulado *Los horrores del Sur: la ley de Lynch en todas sus fases*, reveló que, de una muestra de setecientos veintiocho reportes de linchamientos, solo un tercio de los hombres negros linchados habían sido "*oficialmente acusados* de violación, por no hablar de los que eran inocentes". Los blancos estaban mintiendo sobre la violación de mujeres blancas por hombres negros y ocultando sus propios abusos a las mujeres negras. Pero la acusación de violación facilitaba que los blancos del Sur se enardecieran y actuaran con alevosía, todo en nombre de la defensa del honor de las mujeres blancas. Y Du Bois no cuestionó esto.

Comete el delito, cumple con la condena.

No cometas el delito… muere.

STAMPED: EL RACISMO, EL ANTIRRACISMO Y TÚ

Ya lo sé. W. E. B. Du Bois realmente no suena tan genial. Así que hablemos de alguien más.

Booker T. Washington. (Tacha lo que acabo de decir sobre él unas líneas más arriba. Espera, mejor no lo taches, porque es verdad. Pero… hay más).

Booker T. Washington quería que los negros se enfocaran en lo que ahora llamaríamos trabajo obrero. Mientras Du Bois se codeaba con personas del ámbito académico blanco, Washington estaba en los campos. Bueno, en realidad no. Aunque era el director de Tuskegee, su presión por los derechos civiles era más bien una estrategia encubierta. Después de la muerte de Frederick Douglass en 1895, Washington ocupó su lugar como el nuevo líder de la América negra y, aunque *en privado* apoyaba el empoderamiento, recomendaba que las personas negras se centraran *públicamente* en actividades más llanas, como cultivar los campos. Mano de obra. El trabajo plebeyo. Porque sabía que sería más aceptable para las personas blancas. Sabía que se tragarían el cuento. ¿Por qué no habría de ser así? Un hombre negro diciendo —luego de la abolición de la esclavitud— que la gente negra debía estar feliz de poder empezar desde abajo porque ese, al menos, era un comienzo digno. Para los blancos, eso sonaba perfecto, porque significaba que así era más probable que los negros no accedieran a posiciones de poder, y, por lo tanto, nunca tuvieran ninguno.

Uff. Creo que Booker T. Washington tampoco suena tan bien.

Du Bois creía en ser como los blancos para eliminar la amenaza y que la gente negra pudiera competir. Washington creía en eliminar toda idea de competencia para que los blancos no se vieran amenazados por la sostenibilidad de los negros. Y había personas negras que creían lo que decían estos dos hombres, porque, aunque estamos criticando sus ideas asimilacionistas en este momento, fueron líderes de opinión en su tiempo. La parte más descabellada de la historia de estos dos hombres es que no se llevaban bien. Eran como los Biggie y Tupac de su época. O tal vez como Michael Jackson y Prince. Jummm, quizá Malcom y Martin. Creían en el mismo destino final, la libertad de los negros, pero no podrían haber estado más en desacuerdo con respecto al camino para llegar hasta allí.

Du Bois, el niño de oro hiperintelectual. Washington, el hombre del pueblo.

Du Bois escribió *Las almas del pueblo negro*, una intelectualización de lo que eran realmente las personas negras. Washington escribió *Ascenso desde la esclavitud*, que describió la diligencia, la fe y la fortaleza que tomó (y toma) sobrevivir en Estados Unidos, junto con la idea del "salvador blanco".

Los relatos de individuos blancos con epifanías antirracistas o momentos de empatía que resultaban en la "salvación" de personas negras —historias de salvadores blancos— se estaban convirtiendo en un tópico en los medios de comunicación estadounidenses. El problema con esas historias no era que no existieran blancos "buenos" en la vida real, sino que creaban la ilusión de que eran muchos. Que los blancos, en general, eran (una vez más) los "salvadores" de los negros.

Debido a eso (en parte), *Ascenso desde la esclavitud* fue un éxito. Y Du Bois no pudo soportarlo. No podía tolerar el hecho de que Washington fuera el centro de atención, que brillara. Washington fue incluso invitado a la Casa Blanca una vez que Theodore Roosevelt asumió el cargo, y en cambio el siempre sofisticado Du Bois lo criticó públicamente llamándolo anticuado por ser tan complaciente con las personas blancas, por presentar la idea de que los negros debían encontrar la dignidad a través del trabajo y que ninguna educación estaba completa sin el aprendizaje de un oficio. Mientras tanto, su propio libro, *Las almas del pueblo negro*, se proponía establecer el mero hecho de que los negros eran seres humanos complejos. Fue en este trabajo que Du Bois introdujo la idea de la doble conciencia. Una doble identidad. Un yo negro y un yo estadounidense. Y a partir de esto modeló una muestra de personas negras que estaban en el punto de encuentro. Personas negras que fueran representantes "positivos" de la raza. Como si la negritud —la "buena" negritud— fuera una marca de fábrica, Du Bois quería que *esas* personas negras fueran los embajadores de esa marca. Según él, una de cada diez era digna del trabajo, y llamó a este grupo de personas el *Talented Tenth*, la "Décima parte talentosa".

Aunque Du Bois estaba en contra de la complacencia con las personas blancas —al menos era lo que le criticaba a Washington—, seguía siendo el mismo hombre que luchaba por la aprobación de los blancos. Seguía creyendo que podía acabar con el racismo pensando, vistiéndose y hablando. Independientemente de lo que decía de los disparates y la "complacencia" de Washington, W. E. B. Du Bois seguía siendo, de hecho, el emperador de la persuasión edificante.

Pero a Du Bois lo despertó una llamada de atención. Una bofetada incluso. No de Washington, sino de un hombre llamado Franz Boas, que había inmigrado a Estados Unidos desde Alemania en 1886 debido a la persecución a los judíos. Boas se había convertido en uno de los antropólogos más prominentes de Estados Unidos y había establecido similitudes entre la forma en que se maltrataba al pueblo judío en Alemania y la manera en que se estaba maltratando al pueblo negro en Estados Unidos —ambas naciones justificaban el maltrato diciendo que el grupo perseguido era inferior por naturaleza. La misma historia, un libro diferente. Pero en 1906, cuando Du Bois le pidió a Boas que diera una charla en la Universidad de Atlanta (donde él enseñaba), no podía imaginar lo que le esperaba. Boas afirmó que la idea de que las personas negras eran naturalmente inferiores, o incluso de que la esclavitud las había hecho inferiores, era falsa, y que para demostrarlo bastaba indagar en su historia *antes* de llegar a Estados Unidos. El pueblo negro tenía una historia. Y esa historia —una historia africana— no era de inferioridad. Estaba al contrario llena de imperios gloriosos como los de Ghana, Malí y Songhai, y llena de intelectuales y de innovadores.

Eso le voló la cabeza a Du Bois. Al menos, así lo imagino. De cualquier manera, sus ideas y todas las patrañas blancas que se había tragado empezaron a cambiar.

Pero la euforia intelectual no duró, porque, a fines de ese mismo año, el voto negro ayudó a los republicanos a recuperar la Cámara de Representantes en las elecciones de mitad de período y, tan pronto como lo hicieron, Roosevelt, el presidente que había invitado a Booker T. Washington a su casa —el presidente más popular de todos entre las personas negras— expulsó a un grupo de soldados negros del ejército. Sin dinero alguno. Ciento sesenta y siete soldados, para ser exactos. Doce de ellos habían sido falsamente acusados de asesinar a un mesero y de herir a un policía en Texas. Estos soldados del 25.º Regimiento de Infantería eran un motivo de orgullo para la América negra. Que fueran maltratados los hombres que habían peleado por un país que había estado peleando contra ellos toda su vida, fue un golpe muy fuerte para la psique negra. Y así de simple, Roosevelt fue visto como un traidor por las personas negras. Y como Booker T. Washington era el "amigo negro" de Roosevelt, su compinche, Washington también fue receptor de aquella indignación cuando el presidente lastimó a su gente.

Debido al golpe social que Booker T. Washington recibió a causa de su historia de familiaridad y "amistad" con Roosevelt, la influencia de "el talentoso" de Du Bois aumentó.

CAPÍTULO 16

Jack Johnson contra Tarzán

La pelea entre Du Bois y Washington no era nada comparada con el boxeo de verdad que se apoderó de toda la nación. Las gente negra se valió de los boxeadores negros como una forma de caerle a golpes simbólicamente al racismo de la América blanca. Los blancos se valieron de los boxeadores blancos para demostrar su superioridad sobre los negros en el *ring* y, por ende, en el mundo. Ningún otro boxeador le dobló el espinazo a la gente blanca, ni le sacó pecho a la gente negra como lo hizo Jack Johnson.

Johnson era el hombre negro más famoso de Estados Unidos. Y el más odiado. Porque era el mejor. Les había hecho morder el polvo a todos los boxeadores blancos y, en diciembre de 1908, tuvo, por fin, la oportunidad de pelear por el título de peso pesado. Su oponente fue

Tommy Burns. La pelea tuvo lugar en Australia y, bueno, digamos que Jack tiró a Tommy para "allá abajo", como llaman los australianos a la poceta. Ya sé, es un chiste malo. Un chiste de abuelos. Un chiste malo de abuelos. Pero el hecho es que Jack fue el vencedor.

Para los racistas, los éxitos de los atletas y artistas permiten argumentar teorías como las de la agresividad negra, el bailarín natural, etc. Ello equivale a decir que la razón por la que los negros son buenos en algo no se debe a la práctica y el trabajo duro, sino porque nacen con esas habilidades. (Nota: los asimilacionistas negros también han planteado esto). Es un argumento racista. Otorgó a los blancos una manera de explicar sus propios fracasos. Sus pérdidas competitivas. También les dio una justificación para buscar maneras de hacer trampa, dentro o fuera de la arena.

Para la gente negra, sin embargo, los deportes y el entretenimiento eran y siguen siendo, una forma de ponerse en los zapatos de los grandes. Una manera de valerse del atleta o del artista de farándula —Johnson era ambos— como un avatar. Como representante de la raza entera. Como máquinas de teletransportación humana que pasan en un santiamén a la gente negra, y en especial a la gente negra pobre, del desvalimiento a un mundo de posibilidades. Entonces, si Johnson salía al escenario vestido con ropa elegante y las manos adornadas con diamantes, toda la gente negra iba psicológicamente vestida de punta en blanco. Al menos por un rato. Si Johnson hacía gala de su labia con hombres blancos, diciendo lo que se le antojara, todas las personas negras se salían con la suya dando un par de guantazos verbales (mentalmente). Y, sobre todo, si Johnson noqueaba a un hombre blanco, ¿adivinen qué? Era como si todos los negros noquearan a un blanco.

Y los blancos no lo podían permitir.

Inmediatamente, empezaron a clamar por una "gran esperanza blanca" para vencer a Johnson. Esa "esperanza" era un campeón de peso pesado retirado, James J. Jeffries. Retirado. Su esperanza era alguien que ya había dejado el deporte. En serio. O sea… por favor.

No hace falta crear suspenso. Ya sabes lo que pasó.

Jeffries perdió también, y aunque fue un asunto importante, sobre todo para los blancos, lo que activó las alarmas en el mundo racista fue todo lo demás con respecto a Jack Johnson —no solo su talento para pelear—.

1. Su ego: Jack Johnson era un campeón que actuaba como un campeón. Abrigos de piel y diamantes.

Uno de los primeros dioses de la ropa ostentosa. Y…

2. La estaca más grande en el corazón de la América blanca: la esposa de Jack Johnson… era blanca. (aquí música de órgano dramática o disparos o ruido de truenos o bufido de un gato o…).

Johnson tenía demasiado poder. Poder para derrotar a los hombres blancos. Poder para estar con mujeres blancas. Al igual que con la Revolución haitiana, los blancos tenían miedo de que todos los hombres negros se sintieran igual de poderosos, y eso no podía ser. Encontraron una manera de deshacerse de Jack Johnson. De detenerlo. Lo arrestaron bajo los cargos falsos de traficar con una prostituta (o más bien, una mujer blanca) en varios Estados. Huyó y estuvo siete años fuera del país antes de entregarse y pasar un año en la cárcel.

Pero acabar con Jack Johnson no fue suficiente para que los hombres blancos se sintieran bien consigo mismos, y por eso un hombre llamado Edgar Rice Burroughs escribió un libro para reforzar la idea de la supremacía blanca y recordarles a los hombres blancos que los africanos (las personas negras) eran salvajes. El libro se llamaba *Tarzán de los monos*.

A continuación, la trama básica de esta serie de libros:

1. Un niño blanco llamado John Clayton queda huérfano en África central.
2. John es criado por simios.
3. Cambian su nombre a Tarzán, que significa "piel blanca".
4. Tarzán se convierte en el mejor cazador y guerrero. Mejor que todos los africanos.
5. Con el tiempo, aprende a leer solo.
6. En las secuelas e historias posteriores, Tarzán protege a una mujer blanca llamada Jane de ser violada por los africanos.
7. Tarzán protege a una mujer blanca llamada Jane de ser violada por los africanos.
8. Tarzán protege a una mujer blanca llamada Jane de ser violada por los africanos.
9. ¿Queda claro?

Tarzán fue mucho más grande de lo que Jack Johnson había sido o llegaría a ser. Se convirtió en un fenómeno cultural, que fue transformado en tiras cómicas, películas, programas de televisión e incluso juguetes. Estoy seguro de que algunos de ustedes han visto las películas o los viejos programas de televisión en los que Tarzán lanza su grito característico, un llamado de masculinidad blanca que todos hemos imitado de niños. Al menos yo lo hice.

CAPÍTULO 17

El nacimiento de una Nación (y de una nueva molestia)

El mismo año en que se publicó la primera novela de Tarzán, la gente negra fue engañada otra vez (OTRA VEZ) por un candidato político. Ayudaron a que el demócrata Woodrow Wilson fuera elegido.

Parece un buen momento para abordar todo el asunto republicanos/demócratas. A estas alturas en la historia, los demócratas dominaban el Sur. Se oponían a la expansión de los derechos civiles y a todo lo que tuviera que ver con un poder federal de gran alcance, como los ferrocarriles, la colonización del Oeste con granjeros y no con dueños de esclavos, y aun un sistema de universidades públicas. Hoy diríamos que estaban en contra del *Big Government*, el "gran gobierno", el poderío del gobierno federal y del sector público. Los republicanos, en aquel momento, dominaban el Norte. Estaban "a favor" de los derechos civiles (al menos políticamente) y abogaban por la expansión y los ferrocarriles, y aun por un sistema de universidades públicas.

Ya sé. Pareciera que confundí las descripciones de los partidos. Como si estuviéramos en el mundo al revés. Quizá así sea.

De todos modos, volvamos a Woodrow Wilson. Él era demócrata. Y durante su primer período de mandato, les dejó saber a la gente negra lo que pensaba de ellas al disfrutar de la primera proyección de una película en la Casa Blanca, la de la primera película taquillera de Hollywood: *El Nacimiento de una Nación,* de D. W. Griffith. La película se basaba en un libro llamado *El hombre del clan.* ¿Adivinan de qué trataba la película?

A grandes rasgos, la trama es la siguiente:

1. Un hombre negro (interpretado por un hombre blanco con la cara pintada de negro) intenta violar a una mujer blanca.
2. La mujer blanca salta de un acantilado y se suicida.
3. Los miembros del Klan vengan su muerte.
4. Fin.

El comienzo de un nuevo atropello. Quiero dejar algo claro. La violación no es algo que deba tomarse a la ligera o usarse contra la víctima como si fuera un cuchillo afilado para culparla. Pero en esa época, las acusaciones de violación se utilizaron a menudo como excusa para linchar a hombres negros, arraigadas en el estereotipo del salvajismo de los negros y el valor inapreciable de la mujer blanca. La gente negra protestó contra la película. Los estudiosos, como Booker T. Washington y W. E. B. Du Bois, lucharon con sus recursos intelectuales. Escribiendo. Pero los activistas negros del Sur hicieron mucho más. Protestaron con los pies.

Era hora de irse.

Es importante señalar que esto ocurrió durante la Gran Guerra, la Primera Guerra Mundial, pero la gran guerra en casa entre negros y blancos había puesto a los negros al borde del abismo. Comenzaron a abandonar el Sur en tropel. Imagina el desfile más grande que hayas visto y luego multiplícalo por un billón, con la diferencia de que no lucía ni uniforme ni feliz. Fue un desfile en nombre del progreso. Un desfile de esperanza luego de un extremo agotamiento. La gente negra estaba cansada de que les mintieran. Cansada de que les dijeran que su vida era mejor después de la emancipación, como si las leyes de Jim Crow no la hubieran vuelto miserable. Como si los políticos no se hubieran aprovechado de ellos exprimiéndoles sus votos para obtener poder, y luego volver a rebajarlos. Como si los medios no hubieran seguido promoviendo cuentos racistas que ponían en riesgo la vida de los negros, afuera del papel y de la pantalla.

CAPÍTULO 18

La misión la dice el nombre

La gente negra del Sur se dirigía a Chicago. A Detroit.
A Nueva York. Algunos incluso llegaron del Caribe para
escapar del colonialismo. El jamaicano Marcus Garvey
fue uno de ellos. Había venido a Estados Unidos a re-
caudar fondos para construir una escuela en Jamaica y
lo primero que hizo, una vez que llegó a Nueva York en
1916, fue visitar la oficina de la NAACP.

La NAACP fue fundada por dos hombres que habían
escrito cada uno un libro sobre el activista antiesclavista
John Brown. En 1859, Brown —un blanco— asaltó el
Arsenal de los Estados Unidos, que estaba en Harpers
Ferry, Virginia Occidental, con la intención de armar a
los esclavos y comenzar una revolución. Fue capturado y,
por supuesto, ejecutado. Du Bois escribió la biografía de

Brown y, en el mismo año en que salió a la luz —1909—, un hombre llamado Oswald Garrison Villard publicó su propia biografía de John Brown. Villard era blanco y resultó ser el nieto de William Lloyd Garrison. ¿Quién crees que vendió más libros? Pero Du Bois, en lugar de ponerse en contra de Villard como lo había hecho con Booker T. Washington, decidió trabajar con él para formar la Asociación Nacional para el Progreso de las Personas de Color [NAACP, por sus siglas en inglés]. Su misión la decía el nombre.

Y cuando Marcus Garvey se presentó, pensaba que la misión la iban a encarnar las personas mismas que trabajaban para la organización. Garvey estaba buscando a Du Bois, pero cuando llegó a la oficina, se preguntó si la NAACP era una organización negra o blanca. Por la sencilla razón de que allí no trabajaba nadie de piel oscura. Era como si las únicas personas negras que podían triunfar en Estados Unidos fueran las birraciales o las de piel más clara. Como si el "décimo talentoso" fueran la única gente negra valiosa. Una manera de pensar muy asimilacionista. Un antirracista como Garvey consideraba valiosos a todos los negros. Veía la negritud como algo valioso, tanto la cultura como el color. Así que Garvey decidió instalarse en Harlem y comenzar su propia organización, llamada Asociación Universal para el Progreso de las Personas Negras [UNIA, por sus siglas en inglés]. Su propósito era centrarse en la solidaridad africana, la belleza de la piel oscura y de la cultura afroamericana, y la autodeterminación general africana. Creó en suma exactamente lo opuesto al "décimo talentoso".

Garvey no fue el único que notó el creciente poder de los estadounidenses birraciales. Los académicos estaban prestando atención. Los eugenistas —las personas que creen que se puede controlar la "calidad" de los seres humanos manteniendo fuera los genes indeseables, es decir, los genes de las personas negras— criticaban y reprochaban la mezcla de razas, porque lo blanco era visto como puro. Había nuevas versiones de la jerarquía racial, que no eran tan nuevas porque las personas negras todavía estaban en la parte inferior, pero el argumento era que cuanta más sangre blanca (nórdica) tuviera una persona, mejor sería su desempeño intelectual. Podría hablar más de estas ideas, pero ya he dicho esto un millón de veces. Sostenían lo mismo que habían estado diciendo antes: que los negros nacían para ser inferiores, y que la mezcla con los blancos les daba una ventaja porque entonces no eran "completamente" negros. Esto se compagina con la creación de las pruebas de coeficiente intelectual y los exámenes estandarizados, todos sesgados para justificar la idea del negro tonto, y de que aquellos a los que les va bien deben tener algo de blancos. Bla, bla, bla.

En medio de la Gran Guerra, empero, los negros eran lo suficientemente buenos para luchar. Lo suficientemente inteligentes para tener sentido táctico. Lo suficientemente motivados para correr, revolcarse, disparar y salvar a la gente. Por supuesto.

Du Bois fue a París después de terminada la guerra para recabar testimonios de soldados negros para *Crisis*, el periódico que había fundado. Las historias que le contaron y que recopiló eran historias de héroes negros. Pero cuando los oficiales blancos regresaron al país y contaron sus versiones, los héroes negros se habían convertido en unos don nadie. Más aún, los soldados negros habían sido tratados relativamente bien en Francia. Y el presidente de esa época, Woodrow Wilson, temía que por ser tratados decentemente en el extranjero se fueran a envalentonar. Que se les fueran a subir los humos a la cabeza. Que eso les hiciera esperar un trato justo en su país, el país por el que acababan de arriesgar la vida.

Piensa detenidamente en esto.

El país por el que habían sangrado.

Por el que habían matado.

Esta fue la última ráfaga de viento (no realmente la última, pero casi) en la caminata de Du Bois por la cuerda floja del racismo. Sus antiguas críticas a los antirracistas, retratándolos como supuestos incitadores al odio, finalmente se volvieron en su contra. Había pasado tantos años tratando de convencer a los negros de que se amoldaran a una versión de los blancos. Había pasado tanto tiempo tratando de aprender, hablar, vestirse y lucirse para espantar el racismo. Había tratado de proporcionarles a los estadounidenses blancos los hechos científicos acerca las disparidades raciales, creyendo que la razón podía matar el racismo, como si la razón lo hubiera originado. Había incluso gastado energía ridiculizando a líderes como Ida B. Wells-Barnett porque llamaba apasionadamente a la gente negra a luchar. Pero cada año, a medida que se acumulaban los fracasos por conseguir la libertad, los llamados urgentes de Du Bois a que las personas negras protestaran y lucharan se hicieron más insistentes.

Du Bois, el rey de la asimilación, comenzó a clamar contra la forma en que los hombres blancos distorsionaban las palabras. Era hora de que surgiera un *nuevo* negro, predicó. Uno que ya no se quedaría sentado en silencio esperando asimilarse. Y en 1919, cuando muchos de esos soldados regresaron de la guerra, volvieron a casa como *nuevos negros*.

Por desgracia, los nuevos negros fueron recibidos por viejos blancos. Por la violencia. Las ideas racistas de siempre ya no funcionaban con las personas negras, por lo que los racistas tuvieron que subir el tono e ir más allá. El verano de 1919 fue el verano más sangriento desde la Reconstrucción. Tanto es así, que lo llamaron el Verano Rojo. Du Bois respondió al Verano Rojo con una colección de ensayos donde argumentaba de todo para mostrar que la gente negra era gente, Pero una de las cosas más revolucionarias que hizo en esos ensayos fue honrar a las mujeres negras. Se trataba de un asunto decisivo, porque las mujeres negras o bien habían quedado completamente fuera del diálogo acerca de la raza, o bien se habían convertido en objetos a los cuales mirar y sacarles provecho.

A pesar del cambio que hizo Du Bois, Marcus Garvey, el jamaicano que se había mostrado en desacuerdo con la NAACP, lo seguía menospreciando. Como dije, Garvey era un antirracista tenaz y, a pesar de que Du Bois estaba dando zancadas antirracistas, todavía las daba montado sobre la cuerda floja asimilacionista, y Garvey pensó que seguía siendo condescendiente con su propia raza. Que se movía y actuaba como si fuera mejor persona negra. Una persona negra especial. Una excepción. Y, por supuesto, estaba el asunto más enjundioso, el conflicto en torno a la suposición de que las personas de piel más clara recibían ventajas y eran mejor tratadas: el colorismo. Garvey no estaba completamente errado. Aunque Du Bois quería que la gente negra fuera un pueblo negro con la libertad de ser diferente en lo que respecta al arte y la música y la espiritualidad, él decididamente se veía a sí mismo como el modelo. De manera que si no eras como él —de piel clara y supereducado—, no eras lo suficientemente bueno. También reforzó la idea de Harriet Beecher Stowe de que las personas negras tenían más alma que las blancas (lo cual significaba que tenían menos mente) y, por lo tanto, eran mejores para las actividades creativas. Garvey habría argumentado en contra de eso, pero no tuvo la oportunidad de hacerlo porque el gobierno de Estados Unidos lo acusó de fraude postal y fue deportado tres años después.

Sin nadie que lo cuestionara, la vieja muleta de Du Bois de la que parecía no poder divorciarse, la persuasión edificante, estaba a punto de transformarse en una nueva suerte de señuelo de "sé mi amigo".

CAPÍTULO 19

No se puede eliminar cantando, bailando y escribiendo

Du Bois se había convertido ahora en el hombre mayor que andaba con todos los artistas jóvenes en Harlem. El 21 de marzo de 1924, fue a un club para ver a un grupo de jóvenes poetas y novelistas que eran sus seguidores. En este evento conoció a muchos de los jóvenes artistas negros que formarían lo que ahora se conoce como el Renacimiento de Harlem, y Du Bois quería asegurarse de que usaran su arte para el progreso de las personas negras haciendo que los blancos las respetaran. Era una nueva forma de persuasión edificante —la persuasión mediática— que, básicamente, significa usar los medios de difusión —en este caso, el arte— para cortejar a los blancos.

Pero no todo el mundo estaba besando los pies asimilacionistas de Du Bois. En 1926, surgió un grupo de artistas que asumió una postura de resistencia, que se autodenominaron los *niggerati*. Pensaban que debían ser capaces de hacer lo que quisieran para expresarse como seres humanos completos, sin preocuparse por la aceptación de la gente blanca. Uno de los poetas más destacados de los *niggerati* fue Langston Hughes, quien declaró que, si un artista negro se inclinaba hacia la blancura, su arte no sería genuinamente suyo. Que estaba bien ser un artista negro sin tener que sentir inseguridad o vergüenza. Querían actuar igual que las mujeres del *blues*, como Ma Rainey y Bessie Smith, que cantaban sobre dolor y sexo, y cualquier otro tema que quisieran. Aunque las imágenes de la negritud no fueran siempre positivas. A W. E. B. Du Bois y a sus partidarios de la persuasión edificante y mediática les costaba aceptar cualquier discurso que mostrara a las personas negras como menos que perfectas. Como menos que dignas. Pero los *niggerati* argumentaban que, si no se podían mostrar las imperfecciones de los negros, no se podía mostrar su humanidad. Y que eso era racista.

Tocaba a los artistas negros mostrarse a sí mismos. Escribir y pintar y bailar y esculpir su humanidad, les gustara o no a las personas blancas. Los vieran como humanos o no. Y no, no los consideraban humanos. En su lugar, la gente negra eran símbolos, animales e ideas que había que temer. De hecho, en 1929, tres años después de la formación de los *niggerati*, Claude G. Bowers, un editor del *New York Post*, lo confirmó en un libro titulado *La era trágica: la revolución después de Lincoln*.

¿Lincoln? ¡¿Lincoln?! Abraham Lincoln llevaba muerto más de sesenta años. Pero la Reconstrucción, si se utilizaba correctamente, podía servir como catalizador para activar el odio de los blancos racistas. Era una manera para Bowers de conectarse con los viejos tiempos. De bombear ese viejo sentimiento de odio. De inyectarle ese combustible al motor del racismo que, dicho sea de paso, seguía igual de vivo y constante (razón por la cual los artistas antirracistas como los *niggerati* pensaban que era bobo caer en el juego de reconfortar a la gente blanca). Bowers estaba molesto por el hecho de que Herbert Hoover, un republicano, había arrasado en las elecciones de 1928 (recuerden el *cambiazo*), arrebatando varios estados del Sur. *La era trágica…* era un texto destinado a recordarles a los demócratas, sureños y racistas que blancos inocentes habían sido torturados por republicanos negros durante la Reconstrucción. Es casi para reírse. Casi. Pero les recargó las baterías a los racistas, y hasta suscitó un reestreno del filme clásico racista *El nacimiento de una Nación*.

El argumento del negro salvaje e inferior vuelve a la carga (se está volviendo cansón, ¿verdad?). Y esta vez, Du Bois, que había ido avanzando lentamente hacia el antirracismo, decidió responder al libro de Bowers. Du Bois escribió y publicó lo que pensó que era su mejor trabajo, *La reconstrucción negra en Estados Unidos: 1860-1880.* En esta obra, desacreditó todos los argumentos de Bowers y explicó pormenorizadamente cómo, si algo había pasado, era que la Reconstrucción había sido sofocada por las élites blancas racistas que crearon más privilegios blancos para los blancos pobres, con tal de que, hombro a hombro, se afincaran sobre el cuello de los negros. La blancura primero. Siempre, la blancura primero.

Era 1933. La vida asimilacionista de Du Bois empezó por fin a volatilizarse. Lo único que deseaba era que las personas negras fueran autosuficientes. Que fueran negros. Y que eso fuera suficiente. En este punto, argumentó que el sistema educativo estadounidense estaba en falta con el país porque no decía la verdad acerca de la raza en Estados Unidos, porque estaba demasiado preocupado por proteger y defender a la raza blanca. En último término, estaba sosteniendo lo que había sostenido de varias maneras diferentes, y lo que Frederick Douglass, Sojourner Truth, Booker T. Washington, Ida B. Wells-Barnett,

Marcus Garvey y muchos otros antes que él habían sostenido ad nauseam, hasta el cansancio: que los negros eran humanos.

Independientemente de la persuasión edificante.

Independientemente de la persuasión mediática.

Independientemente de que la NAACP estaba bajo un nuevo liderazgo, Walter White, quien había decidido apoyarse *más* en la persuasión edificante. White quería transformar la NAACP en una organización de gente "refinada" como él, cuya misión era ir ante los tribunales y políticos para persuadir a los jueces y legisladores blancos de que pusieran fin a la discriminación racial. Pero en 1933, Du Bois ya no quería tener nada que ver con este método.

Finalmente, se había apartado del asimilacionismo.

Finalmente, había llegado al antirracismo.

Entonces, se salió de la NAACP, escapando de la locura y la burocracia, y se dirigió a la Universidad de Atlanta a enseñar. Había adoptado una nueva escuela de pensamiento. Inspirado por Karl Marx, Du Bois inició una nueva línea de pensamiento: el socialismo antirracista. Usó esta idea para avanzar más en el antirracismo, criticando incluso a las universidades negras por tener programas de estudio centrados en el etnocentrismo blanco o porque profesores blancos estuvieran a cargo de los estudios afroamericanos en las universidades negras.

Tal vez dio un giro tan drástico porque el país había entrado en la Gran Depresión. Nadie tenía dinero. Pero una cosa es no tener dinero y otra muy distinta es no tener dinero *ni* libertad. Así que la gente negra estaba experimentando una especie de doble Depresión. Y aunque el presidente en funciones, Franklin D. Roosevelt, un demócrata, había desarrollado una iniciativa llamada el New Deal (Nuevo trato) —una serie de programas de ayuda del gobierno y de empleo para mantener a la gente a flote—, las personas negras necesitaban su propio New Deal que los mantuviera a salvo del viejo trato, que era el trato racista, que en realidad no es forma alguna de tratar a nadie.

(Nota: este fue el inicio del cambio, donde los partidos Demócrata y Republicano comenzaron a transformarse en lo que son ahora).

No es que el New Deal no haya ayudado a las personas negras. Lo hizo. Solo que no lo suficiente y no en el mismo grado en que ayudó a los blancos. Y mientras los negros pobres intentaban construir sus propios sistemas y los negros de la élite se sentían incómodos y rechazaban a Du Bois, él publicó un artículo que sacudiría a todos.

Era 1934. El artículo se llamaba "Segregación". Du Bois se puso del lado de su antiguo rival, Marcus Garvey, afirmando que hay un lugar, tal vez incluso de gran consecuencia, para una separación voluntaria no discriminatoria. En el fondo, Du Bois estaba abogando por espacios seguros para los negros. Espacios que resistieran y lucharan contra la tormenta mediática de ideas racistas que estallaba año tras año. A salvo del estereotipo de que las personas negras eran sexualmente inmorales o hipersexuales. O que en los hogares negros los padres estaban ausentes y esta dinámica familiar los hacía inferiores. O que el tono de piel y la textura del cabello estaban relacionados con la belleza y la inteligencia. Du Bois, sin el apoyo de sus compañeros de la NAACP, los asimilacionistas que antes lo seguían, quería combatir contra todo eso.

CAPÍTULO 20

El hogar es donde está el odio

Segunda Guerra Mundial.

Lo sé, se supone que este no es un libro de historia, pero… vamos.

Después de que Estados Unidos se incorporó a la Segunda Guerra Mundial, en 1942, Du Bois se sintió estimulado por la "campaña Doble V" de la América negra: victoria contra el racismo en casa y victoria contra el fascismo en el extranjero. La campaña Doble V aceleró el movimiento por los derechos civiles. Y cuando la Segunda Guerra Mundial se acercaba a su fin, en abril de 1945, W. E. B. Du Bois se unió a representantes de cincuenta países en la Conferencia de las Naciones Unidas sobre Organización Internacional en San Francisco. Quería que la nueva Carta de las Naciones Unidas se convirtiera en un amortiguador contra el racismo. Más adelante ese mismo año, asistió al Quinto Congreso Panafricano, celebrado en Manchester, Inglaterra. El panafricanismo es un movimiento que fomenta la solidaridad entre todas los pueblos afrodescendientes. Fuerza en los números. Poder global. Esa era la clave. En el Quinto Congreso de 1945, Du Bois fue dignamente presentado como el "padre del panafricanismo".

Asistieron doscientos hombres y mujeres, entre ellos Kwame Nkrumah, de Ghana, y Jomo Kenyatta, de Kenia, jóvenes revolucionarios que iban luego a liderar los movimientos africanos de descolonización, destinados a eliminar a los líderes coloniales. Estos delegados no repitieron la solicitud políticamente racista de descolonización gradual de los congresos panafricanos anteriores, como si los africanos no estuvieran listos para gobernar a los africanos.

Y cuando digo "africanos que gobiernan a africanos" eso significa africanos que se gobiernan ellos mismos. Imaginen. Los europeos racistas deben haber sentido que una bomba les caía encima. Y esa no era la única bomba que caía.

Estados Unidos emergió de la Segunda Guerra Mundial, contempló la devastación de Europa y Asia Oriental, y exhibió su capital sin igual, su fuerza industrial y sus armas militares insuperables de nuevo líder mundial. El único problema era que los Estados Unidos, tierra de la libertad y hogar de los valientes, todavía tenían un problema racial. Y ese problema racial estaba comenzando a afectar sus relaciones en el mundo entero. La libertad americana no era libre. Diablos, ni siquiera era real. Pero cualesquiera fueran los compromisos que trató de establecer el presidente Harry Truman (quien asumió el cargo después de la muerte de Roosevelt en 1945), el Sur siempre luchó contra ellos.

Casi no tengo ganas de contar lo que pasó porque ya lo he contado un montón de veces. Pero si fueran a suponer que las personas blancas empezaron a perpetuar mentiras sobre la inferioridad de los negros para que la rueda del racismo siguiera girando, estarían en lo cierto.

El 2 de febrero de 1948, Truman instó al Congreso a implementar una ley de derechos civiles, a pesar de la falta de apoyo entre los estadounidenses blancos. Puedes imaginar la indignación. Muchos abandonaron el partido demócrata. Otros se quedaron y formaron lo que llamaron los Dixiecrats, quienes, para luchar contra la presión de Truman por los derechos civiles, postularon a un hombre llamado Strom Thurmond para presidente.

Era una plataforma sumamente segregacionista. Afortunadamente, no funcionó.

Los votantes negros se aseguraron de que Truman ganara y, una vez que lo hizo, su administración presentó unos cuantos casos de derechos civiles que cambiaron las reglas del juego:

1. **Shelley contra Kraemer, 1948:** el caso culminó con la decisión de la Corte Suprema de que los tribunales no podían hacer cumplir contratos inmobiliarios solo para blancos destinados en las ciudades del Norte a mantener alejados a los migrantes y detener la desegregación de viviendas. Esto provocó el movimiento de vivienda abierta, que expuso a los individuos blancos que impedían que las personas negras vivieran donde querían. El miedo era el mismo de siempre. Que los negros harían que los vecindarios fueran peligrosos. Que sus hijas blancas estarían en peligro. Que el valor de la propiedad bajaría. Algunas personas negras querían vivir en vecindarios blancos buscando valorización. Otras tan solo buscaban mejores opciones de vivienda. Algunas personas blancas tenían tanto miedo que empacaron y abandonaron sus casas. Fuga de blancos.

2. **Brown contra la Junta de Educación, 1954:** estoy seguro de que has oído hablar de este caso. Si vives en el Sur y estudias en una escuela diversa, lo haces por este caso. Este fue el caso que dijo que la segregación racial en las escuelas públicas era inconstitucional. El resultado: las escuelas comenzaron a mezclarse. Sin embargo, lo interesante de este caso, y que rara vez se comenta, es que se trata en realidad de una idea bastante racista. Sugiere en suma que los niños negros necesitan una oportunidad justa y una oportunidad justa en las escuelas blancas. Quiero decir, ¿por qué no se integraban niños blancos en escuelas negras? Ello supone que los niños negros no eran tan inteligentes porque no estaban expuestos a los niños blancos, como si la mera presencia de estos últimos hiciera mejores a los niños negros. Falso. Una buena escuela es una buena escuela, haya o no personas blancas. Ah y, por supuesto, la gente estaba enojada por esto.

La gente estaba enojada por ambos casos.

Y la gente enojada obra de manera exaltada.

Un año después, un niño de catorce años llamado Emmett Till fue brutalmente asesinado en Money, Mississippi, porque supuestamente había "silbado" a una mujer blanca. Lo golpearon tan despiadadamente que su rostro estaba irreconocible durante el funeral con ataúd abierto en su ciudad natal de Chicago. A pedido de su madre, las espantosas imágenes se mostraron por todo el mundo negro enfurecido. Y aunque los supremacistas en el poder continuaron echándole la culpa de los problemas al caso "Brown contra la Junta de Educación", la muerte del joven Emmett encendió una llama en el movimiento por los derechos civiles, encabezado por un predicador joven y carismático de Atlanta que idolatraba a W. E. B. Du Bois —Martin Luther King Jr—.

Había una energía juvenil en el movimiento. Una nueva ola. Una nueva forma de hacer las cosas. Y Du Bois estaba encantado viendo cómo el movimiento se volvía cada vez más poderoso. Ahora tenía noventa años y tenía esperanzas. Nunca había dejado de luchar y el Dr. King parecía cortado de la misma tela. Él y Du Bois no se habían rendido, ni tampoco los estudiantes universitarios. Cuatro estudiantes negros de primer año de la Universidad A&T de Carolina del Norte entraron a una tienda Woolworth, en Greensboro, el 1 de febrero de 1960. Se sentaron en la barra "Solo para blancos", donde se les negó el servicio, y permanecieron allí hasta que la tienda cerró. En cuestión de días, cientos de estudiantes de universidades y escuelas secundarias del área estaban "sentándose". Los reportes de noticias de estas sentadas no violentas destellaron en las pantallas de televisión a nivel nacional, y provocaron una ola de sentadas para eliminar la segregación en los negocios sureños. Cuando llegó abril, los estudiantes estaban organizando sentadas en setenta y ocho comunidades sureñas y fronterizas, y se había establecido el Comité Coordinador Estudiantil No Violento [SNCC, por sus siglas en inglés]. Estos jóvenes universitarios eran un tipo de *nuevo* negro. No estaban esperando ser rescatados por salvadores blancos ni por políticos como John F. Kennedy, que estaba postulándose para la presidencia, ni por escritores como Harper Lee, cuya novela *Matar a un ruiseñor* era, digamos, *La cabaña del tío Tom* del movimiento por los derechos civiles. Si no les importa, a mí… tampoco.

No, no querían salvadores blancos. Pero tampoco les interesaba ser salvadores negros. No estaban necesariamente "salvándose" a sí mismos. Solo estaban "siendo" ellos mismos. Pero el asunto con ser negro es que solo serlo puede provocar un baño de sangre.

Y eso apuntalaba al Dr. King, al SNCC y al movimiento por los derechos civiles en su conjunto.

La violencia feroz en respuesta al movimiento no violento por los derechos civiles estaba avergonzando al país, en toda la parte del planeta que no era blanca.

El 3 de abril de 1963, King ayudó a iniciar una serie de manifestaciones en Birmingham, provocando la ira del jefe policial extremadamente segregacionista de la ciudad, "Bull" (el Toro) Connor. Nueve días después, el Viernes Santo, ocho clérigos antisegregacionistas blancos de Alabama firmaron una declaración pública solicitando que las manifestaciones callejeras "imprudentes e inoportunas" terminaran. Martin Luther King, Jr., que había sido encarcelado ese mismo día, leyó la declaración desde su celda. Enojado, comenzó a hacer algo que rara vez hacía. Respondió a las críticas en su "Carta desde la cárcel de Birmingham", publicada ese verano.

Nadie sabe si el enfermo W. E. B. Du Bois leyó la "Carta desde la cárcel…" de King. Pero tal como lo había hecho Du Bois en 1903 para luego lamentarlo, King amalgamó erróneamente en su carta a dos grupos opuestos: los antirracistas que detestaban la discriminación racial y los negros separatistas que odiaban a los blancos (en grupos como la Nación del Islam). King se distanciaría luego de ambos, evidenciando una creciente división dentro del movimiento por los derechos civiles. Un número cada vez mayor de jóvenes activistas desgastados por la lucha se sentían frustrados por la no violencia de King y escuchaban con mayor frecuencia los sermones de Malcolm X. Malcolm X era un ministro de la Nación del Islam, una organización religiosa centrada en la liberación de los negros a través de la disciplina, la autodefensa, la organización comunitaria y una comprensión fortalecida de lo que son la gente negra independientemente de las opiniones de los blancos. Predicaba que la gente negra había sido el pueblo originario del mundo, lo que iba en contra de la Biblia y las teorías del Egipto blanco. También predicaba la autosuficiencia negra —que la gente negra era capaz de cuidar de sí misma, de su familia y de su comunidad sin ayuda de nadie. Claro, era una fuerza polarizadora, pero también era un antirracista que quería poner fin a las ideas asimilacionistas.

El 3 de mayo de 1963, la gente joven que seguía a líderes como Malcolm vio por la televisión cómo los perros feroces de Bull Connor despedazaban a los niños y adolescentes del Birmingham negro que habían estado siguiendo al Dr. King; cómo las mangueras de incendios de Connor rompían brazos y piernas, arrancaban la ropa y lanzaban los cuerpos contra las vitrinas; y cómo sus policías golpeaban a los manifestantes con garrotes.

El mundo también lo vio.

El 11 de junio, el presidente John F. Kennedy se dirigió a la nación —o al mundo, más bien— y emplazó al Congreso a aprobar leyes de derechos civiles. "Hoy, estamos comprometidos en una lucha mundial por promover y proteger los derechos de todos los que desean ser libres", dijo Kennedy. "Predicamos la libertad en todo el mundo y lo decimos en serio".

Con los ojos del mundo puestos en él, Kennedy —quien realmente no tenía muchas opciones— introdujo la Ley de Derechos Civiles. Pero eso no detuvo el impulso de la tan esperada marcha a Washington por el trabajo y la libertad. Aunque había sido planeada por organizaciones de derechos civiles, la administración Kennedy controló el evento, descartando la desobediencia civil. Asesores de Kennedy aprobaban a los oradores y los discursos: no podía participar ninguna mujer negra, ni James Baldwin (un novelista negro, abiertamente gay, que se había convertido en una voz política valiente y brillante a través de sus escritos) ni tampoco Malcolm X. El 28 de agosto, aproximadamente doscientos cincuenta mil activistas y reporteros de todo el mundo marcharon hacia el área comprendida entre el Memorial de Lincoln y el monumento a Washington. Y King cerró el día con el discurso probablemente más icónico de todos los tiempos: "Tengo un sueño". Pero había malas noticias. El día anterior W. E. B. Du Bois había muerto mientras dormía.

En verdad, un Du Bois más joven había hecho votos por una manifestación como esa con la esperanza de que convenciera a millones de personas blancas a amar las almas humildes de la gente negra. Y es cierto que el Du Bois mayor había elegido otro camino —el camino antirracista menos recorrido— para obligar a millones a aceptar las almas iguales de los negros. Era el camino de la desobediencia civil, que los jóvenes manifestantes del SNCC y el CORE (el Congreso de Igualdad Racial, responsable también de gran parte del entrenamiento en no violencia del movimiento) habían deseado para la marcha en Washington, un camino que una joven proveniente de la Colina Dinamita, en Birmingham, ya estaba recorriendo y nunca abandonaría. Pero Roy Wilkins, uno de los hombres de confianza del Dr. King y el portador de las malas noticias, no se extendió en el tema de aquellos caminos diferentes. Mirando hacia la vibrante marcha en Washington, tan solo pidió un momento de silencio para honrar al hombre, que era un movimiento por sí solo, muerto a los noventa y cinco años.

Sección

V

1963-Presente

CAPÍTULO 21

Cuando la muerte llega

Cynthia Wesley. Carol Robertson. Carol Denise McNair.
Addie Mae Collins.

Estos eran los nombres de cuatro niñas que murieron
en un atentado con una bomba en una iglesia.

Era el 16 de septiembre de 1963. El periódico, el *He-
rald Tribune.* Angela Davis era una estudiante universi-
taria de tercer año en la Universidad de Brandeis cuando
leyó estos nombres en el periódico: cuatro niñas asesina-
das en Birmingham, Alabama.

Angela Davis era de Birmingham. Conocía esos nombres. Su madre, Sallye, había sido maestra de Carol Denise en primer grado. Las familias Robertson y Davis
eran amigas cercanas desde que Angela tenía memoria.
Los Wesley vivían a la vuelta de la esquina en el mismo

vecindario en una colina de Birmingham donde había crecido Angela. Su madre no se dejó desalentar por los bombardeos. Era un momento aterrador y doloroso, pero los Davis eran activos, y con "activos" quiero decir que eran activistas.

Sallye Davis había sido una dirigente del Congreso de la Juventud Negra del Sur, una organización anti-rracista que protestaba contra las disparidades raciales y económicas. En la Colina Dinamita —así llamada por los atentados con dinamita de que había sido objeto este vecindario de población negra desde los años cuarenta por parte de supremacistas blancos—, donde Angela Davis creció, Sallye y su esposo educaron a su hija para que fuera antirracista. Y así, la mayor parte de su infancia la pasó luchando contra la pobreza y el racismo que la ro-deaba. ¿Por qué sus compañeros de clase no tenían cier-tas cosas? ¿Por qué tenían hambre? ¿Por qué no podían comer en la escuela? Incluso decidió muy pronto que ella nunca —a pesar de la presión— desearía ser blanca.

Estuvo luchando y exponiendo sus denuncias durante todo el camino que la llevó a la Universidad de Brandeis —una institución predominantemente blanca— donde no estuvo de acuerdo con el tipo de activismo que se llevaba a cabo. Un activismo determinado por personas blancas que no podían darse cuenta de que ellos no eran el modelo. Pero encontró otras salidas. Halló un sitio donde emplear su energía activista.

James Baldwin, uno de los autores favoritos de Davis, visitó Brandeis en 1962, justo antes del lanzamiento de su manifiesto activista, *La próxima vez el fuego*. Baldwin armó una colección de ensayos que sintetizaban la experiencia negra con el racismo. El libro contiene una carta a su sobrino, advirtiéndole de la opresión con que se va a encontrar, y otra carta que trata de la celebración del centenario de la Proclamación de Emancipación, en la que llama a los estadounidenses blancos y negros a enfrentarse al terrible legado del racismo. Es un macro y micro examen de la máquina racial estadounidense y, en última instancia, una clase magistral sobre antirracismo.

Malcolm X también visitó la universidad y, aunque Davis no estaba de acuerdo con sus inclinaciones religiosas, se sintió identificada con sus ideas políticas. Estaba fascinada por la forma en que él explicaba cómo la gente negra había interiorizado el racismo, un complejo de inferioridad impuesto por la supremacía blanca.

Pero durante su tercer año universitario, mientras estudiaba en el extranjero, en Francia, Davis se sintió transportada a casa por la emoción cuando leyó los cuatro nombres en el *Tribune*. Cynthia Wesley. Carole Robertson. Carol Denise McNair. Addie Mae Collins. De vuelta a la Colina Dinamita.

Davis no vio este momento como un acontecimiento especial o un incidente aislado, no. Había crecido plenamente consciente del racismo estadounidense y su potencial mortal. Todo lo que pudo hacer fue tragárselo y usarlo como combustible para seguir luchando.

El presidente John F. Kennedy, por otro lado, tuvo que buscar cómo arreglar la situación. Bueno, no tenía arreglo, pero al menos tenía que hacer algo para apagar lo que podría convertirse en una explosión completa en la Colina Dinamita. Lanzó una investigación que, por cierto, provocó que cayeran sus índices de aprobación. ¿Puedes creerlo? Cuatro niñas habían muerto. A causa de una bomba. Y como el presidente estaba intentando llegar al fondo de la cuestión, sus electores y seguidores sureños estaban molestos. Kennedy intentó recuperarse. Trató de volver aumentar sus índices de aprobación dos meses después en Dallas. Nunca regresó a la Casa Blanca.

Dos días después del entierro de Kennedy, Lyndon Baines Johnson, quien era ahora presidente, proclamó que se aprobaría el proyecto de ley de derechos civiles en el que Kennedy había estado trabajando.

¿Pero qué significaba eso?

Sobre el papel, significaba que la discriminación por motivos de raza era ilegal. Pero lo que *realmente* significaba era que las personas blancas, incluso las que estaban a favor de la lucha contra la discriminación (en teoría), podían sostener que ahora todo estaba bien. Que las personas negras debían dejar de llorar y pelear y que debían "superarlo" todo, porque ahora las cosas eran iguales. Significaba que alegarían lo que habían estado planteando, que las circunstancias de las personas negras son causadas únicamente por ellas mismas y que, si simplemente trabajaran más duro y obtuvieran educación, tendrían éxito. Significaba que ignorarían por completo los cientos de años de ventajas que las personas blancas tenían en Estados Unidos. Y la peor parte era que la Ley de Derechos Civiles de 1964 hacía que los blancos tuvieran que reconsiderar el tema de su antigüedad y superioridad; así que, en lugar de lidiar con eso, le dieron la vuelta, lo tergiversaron por completo y afirmaron que ahora ellos eran las víctimas. Que estaban siendo tratados injustamente. De modo que la ley que prohibía la discriminación, terminó provocando una reacción violenta aun más racista.

No obstante, la Ley de Derechos Civiles de 1964 era la primera legislación importante sobre derechos civiles desde la Ley de Derechos Civiles de 1875. Horas después de que firmara la ley, el 2 de julio de 1964, el presidente Johnson se presentó en la televisión para exaltar el ideal estadounidense de la libertad. Su aparición en televisión bien podría haber sido una comedia. Una show con un reparto de los mejores actores, con caras sonrientes y risas grabadas. Y los estadounidenses negros, que ya habían visto el show antes, lo volvieron a ver, entretenidos, pero plenamente conscientes de que se trataba de un guion.

Y... ¡corte!

Malcolm X, lleno de desconfianza en Estados Unidos, habló, no en contra del proyecto de ley, sino cuestionando las probabilidades de que se hiciera cumplir. ¿Quién iba a asegurarse de que se cumplieran las leyes si la ley, los legisladores y los encargados de hacerla cumplir eran todos blancos y racistas? Angela Davis pensaba igual. Y Angela y Malcolm no se equivocaban. Esta fue una maniobra política. El presidente Johnson sabía que, como se había asegurado de darle el crédito a Kennedy, este proyecto de ley no afectaría su posición como presidente ni su potencial para ser reelegido. Al menos, eso pensaba. Pero George Wallace, el gobernador de Alabama y racista supremo, complicó los planes de reelección de Johnson. Wallace había adoptado una postura pública *a favor* de la segregación el año anterior y había recibido cien mil cartas de apoyo, casi todas de gente del Norte.

Espera. ¿Cómo? Pues sí. Los estadounidenses del Norte. Enviando cartas que expresaban su apoyo a la postura de Wallace *a favor* de la segregación. Esto demostró, dolorosamente, que todos —el Norte y el Sur— odiaban a las personas negras.

Barry Goldwater, un senador de Arizona, también se estaba postulando. Goldwater estaba marcando el comienzo de un nuevo tipo de conservadurismo. Su plataforma era que la ayuda social que los blancos habían estado recibiendo durante *mucho* tiempo era mala para los seres humanos. Que convertía a las personas en animales. Por supuesto, esta epifanía racista la experimentó Goldwater cuando los negros también empezaron a recibir ayuda social. Es gracioso que eso pase y, al mismo tiempo, no lo es… para nada. Es como cuando alguien te dice que odia tus zapatos y luego, una semana después, una vez que te menospreció y te hizo sentir inseguro, comienza a usarlos. Es el juego al revés de que lo que es bueno para la pava *no es* bueno para el pavo. Pero en este ejemplo, el pavo son un montón de gente negra.

Pero, a pesar de que Goldwater contaba con el apoyo de gente blanca adinerada, tampoco inquietó a Johnson.

Lo que preocupaba a Johnson eran los movimientos políticos negros como el Partido Demócrata de Mississippi por la Libertad (MFDP) y el Comité Coordinador Estudiantil No Violento (SNCC), que no estaban satisfechos con lo que el presidente estaba haciendo por ellos. Los activistas del Norte habían estado lidiando con la brutalidad y el abuso policial y protestando. Los activistas del Sur habían sobrevivido y seguían sobreviviendo al Klan. ¿Y qué les había ofrecido Johnson? ¿Qué influencia les había otorgado al SNCC y al MFDP? Dos escaños en la Convención Nacional Demócrata, lo cual, sencillamente, no era nada. Ningún poder. Y sin poder, todas las protestas del mundo no significaban nada. El cambio pasó de luchar por los derechos civiles a luchar por la libertad. La diferencia entre los dos es simple. Uno implica una lucha por la justicia. El otro, el derecho a vivir.

La filosofía de empoderamiento de Malcolm X, de unidad nacional e internacional negra, autodeterminación, autodefensa y orgullo cultural comenzó a sonarle muy bien a los oídos de la juventud del SNCC. A fines de 1964, Malcolm X regresó de un largo viaje a África y se encontró con un grupo creciente de admiradores del SNCC y un grupo creciente de enemigos. Por desgracia, pocos meses después —el 21 de febrero de 1965—, durante un mitin en Harlem, Malcolm fue asesinado a tiros por esos enemigos.

Cuando James Baldwin escuchó la noticia en Londres, quedó devastado.

Cuando el Dr. Martin Luther King escuchó la noticia en Selma, Alabama, permaneció tranquilo. Reflexivo. Reconoció que, aunque no siempre habían estado de acuerdo en cuanto a los métodos —al igual que Du Bois y Washington, y Du Bois y Garvey—, querían lo mismo.

La muerte de Malcolm X sacudió a sus seguidores negros antirracistas, especialmente a los que poblaban los entornos urbanos. Había inculcado a muchos un sentido de orgullo, de arrojo intelectual, de identidad. Había hecho que los chicos de la calle sintieran que tenían un lugar en el movimiento. Les dio a atletas como Muhammad Ali un propósito más elevado que el boxeo. Había debatido y deconstruido el racismo con una audacia que mucha gente nunca había visto, y sus ideas evolucionaron hacia una Constitución más inclusiva poco antes del final de su vida.

Los medios, sin embargo… Bueno, los medios hicieron lo que habían estado haciendo durante décadas… siglos. Convirtieron su vida entera en una historia para meter miedo desprovista de contexto, en el cuento del

Coco. "La vida de Malcolm X fue una vida extraña y lastimosamente malgastada", decía un editorial del *New York Times*.

Pero los antirracistas lo honraron y tuvieron algo a que aferrarse para siempre para dar cuenta de sus ideas. Alex Haley había estado trabajando con Malcolm en su autobiografía y el libro se publicó después de su muerte. Su transformación ideológica —de asimilacionista a separatista antiblanco y luego a antirracista— inspiró a millones de personas. Argumentaba que, si bien las personas blancas no nacían racistas, Estados Unidos estaba construido para volverlas tales. Y que, si querían luchar contra ello, tenían que tratarlo con los otros racistas blancos que los rodeaban. Criticaba a los asimilacionistas negros. Los llamaba títeres, especialmente a los "líderes" que se habían aprovechado de su propia gente para subir la escalera blanca. Malcolm X dejó estampado que estaba a favor de la verdad —no del odio—, la verdad y solo la verdad, sin importar de dónde viniera. Su autobiografía se convirtió en una biblia antirracista. Llegó a ser uno de los libros más importantes de la historia de Estados Unidos.

El presidente Johnson, que todavía lidiaba con el odio (de los blancos) y la desconfianza (de los negros) en torno a la Ley de Derechos Civiles, decidió rebasar esa legislación. Decidió doblar la apuesta. Después de la Ley de Derechos Civiles vino la Ley de Derecho al Voto de 1965. Y aunque causó lo mismo que cada pequeño progreso —rabia y resistencia por parte de las personas blancas—, la Ley de Derecho al Voto se convirtió en la legislación antirracista más efectiva alguna vez aprobada por el Congreso de los Estados Unidos de América.

CAPÍTULO 22

Poder Negro

No tardó mucho en aparecer la mutación del racismo, pero tampoco pasó mucho tiempo para que la mutación de la rebelión se enfrentara a ese racismo y lo mirara derecho a los ojos. En realidad, se encontró con algo más que una mirada malvada. Cinco días después de que se instituyera la Ley de Derecho al Voto, una bomba social explotó en el vecindario Watts de Los Ángeles cuando un incidente policial desató seis días de violencia. Esta se convirtió en la rebelión más mortal y destructiva de la historia. Suficiente. ¡Suficiente! No más piquetes. No más marchas. El ruiseñor que trinaba había dejado de picotear, y se había transformado en una pantera que mostraba sus garras.

Mientras Watts ardía, Angela Davis abordó un barco que se dirigía a Alemania para obtener su título de posgrado en filosofía. Poco después de su llegada, en septiembre de 1965, un grupo internacional de académicos se reunió en Copenhague para la Conferencia sobre Raza y Color. Davis no asistió. Pero si lo hubiera hecho, habría escuchado conferencias sobre el rol racista del simbolismo en el lenguaje. Los académicos señalaron frases cotidianas como *black sheep* [oveja negra], *blackballing* [boicoteo], *blackmail* [chantaje] y *blacklisting* [censura], entre otras, que durante mucho tiempo habían asociado la negritud con la negatividad. Se podrían haber incluido otras dos palabras —palabras que aún existen hoy—: *minoría*, como si los negros fueran menores, lo que implicaría que los blancos son los mayores; y *gueto*, un término que se usó primero para designar un área indeseable de una ciudad en la que se obligaba a vivir a los judíos. Pero en el contexto racista de Estados Unidos, *gueto* y *minoría* se convirtieron en sinónimos de *negro*. Y las tres palabras parecían ser cuchillos.

Por lo menos, hasta que apareció gente como Stokely Carmichael.

Carmichael nació en Trinidad en 1941 y se mudó al Bronx en 1952, el mismo año en que su ídolo, Malcolm X, fue puesto en libertad condicional. En 1964, Carmichael se graduó de la Universidad de Howard. Para ese entonces, los discípulos de Malcolm, incluido Carmichael, decían que la palabra *negro* [en inglés] servía para designar a los asimilacionistas negros y *black* para los antirracistas, eliminando la fealdad y el mal que se le había atribuido a la palabra. Ahora estaban adoptando apasionadamente el término *black*, lo que sorprendió a los discípulos *negros* de Martin Luther King Jr. y a sus propios padres y abuelos asimilacionistas que hubieran preferido ser llamados *nigger* [insulto racista] antes que *black*.

Carmichael era el tipo de persona que prefería que dijeran que estaba muerto antes de que fueran a decir que tenía miedo. Era el nuevo presidente del SNCC. Y un año después del levantamiento de Watts, él y el SNCC participaron en una manifestación en Greenwood, Mississippi, llamada la marcha contra el miedo. Fue en esa manifestación donde Carmichael gritó una frase que provocó un cambio cultural. "¡Ahora vamos a empezar a decir *Black Power*, Poder negro!".

Poder negro. Y cuando esta frase llegó a oídos de la gente negra —especialmente las marginadas, pero también las antirracistas— y la relacionaron con la autobiografía de Malcolm X (el Poder negro sintetiza el contenido del libro), el Poder negro se convirtió en un fuego rojo que ardía en la comunidad negra y que consumía a la comunidad blanca. Bueno, tal vez no la consumía pero decididamente le quemaba el trasero.

Lo que Stokely Carmichael quería decir con Poder negro:

LA GENTE NEGRA POSEE Y CONTROLA SU PROPIO VECINDARIO Y SU FUTURO, LIBRE DE LA SUPREMACÍA BLANCA.

Lo que entendieron las personas (y los medios) racistas blancos:

SUPREMACÍA NEGRA

Y una vez más, la mera noción de ideas antirracistas fue deliberadamente amalgamada a un extremismo odioso. Hubo incluso líderes negros de derechos civiles, como Roy Wilkins de la NAACP, que estuvieron en contra del mantra del "Poder negro". Wilkins pensaba que el Poder negro era como el río "Mississippi inverso" o como un bigote "Hitler inverso", es decir que era una manera ilusoria de devolverle la pelota al racismo blanco —tan eficaz contra el racismo o el fascismo como cuando el río Mississippi fluye hacia atrás por un terremoto o un huracán, o como cuando uno usa el bigote afeitado en el medio al revés del de Hitler—. Él era una de las personas negras que Malcolm X hubiera llamado *negro*.

A pesar de todo el vómito asimilacionista proveniente de las élites negras y el vómito racista proveniente de los segregacionistas blancos, Carmichael y su mantra del Poder negro siguieron adelante. Viajó por todo el país para hablar y construir el movimiento. Pero otro movimiento estaba surgiendo al mismo tiempo.

Oakland, California. Dos jóvenes frustrados lanzaron su propio movimiento de solo dos hombres. Se llamaron a sí mismos el Partido Panteras Negras de Autodefensa.

Seguro que has visto las fotos. Hoy en día están en camisetas y carteles, pegados al azar en diferentes lugares como si los Panteras Negras fueran una comiquita de Disney. No lo eran. Los sombreros negros y las chaquetas de cuero, los lentes de sol y las armas, todo eso era real. Huey P. Newton y Bobby Seale no eran personajes ficticios. Eran hombres que estaban hartos. Así que elaboraron una plataforma de diez puntos que resumía las cosas por las que estaban luchando en el recién fundado Partido Panteras Negras de Autodefensa.

La plataforma de diez puntos (parafraseada):

1. Poder para determinar el destino de nuestra comunidad negra.
2. Pleno empleo.
3. El fin del robo a la comunidad negra por parte del gobierno.
4. Vivienda decente.
5. Educación real.
6. Que todos los hombres negros estén exentos del servicio militar.
7. El fin inmediato de la brutalidad policial y el asesinato de las personas negras.
8. Libertad para todos los presos negros.
9. Que todas las personas negras con un juicio en curso sean juzgadas por un jurado de sus pares.
10. Paz y representación negra en las Naciones Unidas.

En los siguientes años, el Partido Panteras Negras se extendió en capítulos por todo el país, atrayendo a miles de jóvenes comprometidos y carismáticos de la comunidad. Vigilaron a la policía, proporcionaron desayuno gratuito a los niños y organizaron servicios médicos y programas de educación política, entre una serie de otras iniciativas.

Y mientras el Partido Pantera Negra rugía y el movimiento del Poder Negro aullaba, Angela Davis estaba en Alemania leyendo acerca de todo esto. Finalmente, ya no pudo soportar más estar lejos de la acción, hizo sus maletas y regresó a Estados Unidos.

Era el verano de 1967 y Angela Davis se dirigía a California. A la Universidad de California en San Diego, para ser exactos. Y en cuanto llegó, se instaló y reforzó el movimiento del Poder Negro, organizando de inmediato una Unión de Estudiantes Negros [BSU, por sus siglas en inglés] en el campus. Dondequiera que hubiera estudiantes negros, estaban formando sus propias uniones o tomando el control de los gobiernos estudiantiles, solicitando y exigiendo una enseñanza antirracista y pertinente en universidades históricamente negras *e* históricamente blancas.

Todo tipo de mentes diferentes se sumaron al Poder Negro. Separatistas, panafricanistas y todo lo demás. El Poder Negro atrajo incluso a la figura de proa del movimiento de los derechos civiles. Así es, en 1967, hasta el Dr. King se estaba alejando del pensamiento asimilacionista, de la misma manera que W. E. B. Du Bois lo había hecho en la vejez. El Dr. King se había dado cuenta de que la desegregación solo era buena para la élite negra,

mientras que todos los demás se habían visto perjudi-
cados por ella. Había dejado a millones ahogándose en
la pobreza. Así que King cambió de rumbo y comenzó a
planificar la Campaña de los Pobres de la Conferencia de
Liderazgo Cristiano del Sur. Su objetivo era traer gente
pobre a Washington, para obligar al gobierno a aprobar
una "declaración de derechos económicos", comprome-
tiéndose con el pleno empleo, ingresos garantizados y
viviendas asequibles: un proyecto de ley que se parecía
mucho a las propuestas económicas de la plataforma de
diez puntos del Partido Pantera Negra.

Por supuesto que King fue criticado. Por su propia
gente.

Por supuesto que se activó la rabia y el miedo de los
blancos. Demasiadas protestas. Derechos civiles. Gente
pobre. Guerra de Vietnam. *Demasiadas… protestas.*

Por supuesto que hubo un momento glorioso en los
medios —un acontecimiento de la cultura pop como lo
habían sido *El nacimiento de una Nación* o *Tarzán*— para
enviarles un mensaje a los blancos de que tomaran las armas y tuvieran miedo, y también para sacudir la confiada
columna vertebral de la América negra: para recordarles
su lugar. Esta vez, en 1968, la película se llamó *El planeta
de los simios.*

A continuación, la trama básica:

1. Unos astronautas blancos aterrizan en un planeta después de un viaje de dos mil años.
2. Unos simios los esclavizan.
3. Resulta que no están en ningún planeta lejano. Están en la Tierra.
4. (¡Nooooooooooooooooooo!).

Mientras *Tarzán* había mostrado en la pantalla la conquista racista de África y los africanos, *El planeta de los simios* avivó el fuego del miedo racista, mostrando el mundo oscuro levantándose contra el conquistador blanco. Y al igual que con *Tarzán*, *El planeta de los simios* fue un *boom*. Se convirtió en un megaéxito, con secuelas, cómics y mercancía. Y así de simple, el discurso del gobierno estadounidense pasó ahora a proteger *su* "planeta". El Poder Negro se enfrentó a un nuevo eslogan, que le escupieron encima como un agravio racista: la ley y el orden.

Una semana después del estreno de la película, el 4 de abril, Angela Davis estaba en la nueva oficina del SNCC en Los Ángeles. El capítulo recién organizado del SNCC era el nuevo hogar de su labor activista mientras iba y venía entre Los Ángeles y sus estudios de doctorado en la

Universidad de California en San Diego. Esa tarde, escuchó un grito. Detrás del grito llegó la noticia. El Dr. King, después de pronunciar un discurso que daba cuenta de una "revolución de los derechos humanos", había sido asesinado.

La muerte de King transformó a innumerables activistas de doble consciencia en antirracistas de una sola conciencia, y el Poder Negro de repente se convirtió en el movimiento antirracista estadounidense más grande de la historia. Se estaba produciendo un cambio.

James Brown compuso una canción que insistía en que todo el mundo cantara: *Say It Loud—I'm Black and I'm Proud,* "Dilo en voz alta: soy negro y estoy orgulloso". Las gente negra empezó a alejarse del colorismo y algunos lo invirtieron. Cuanto más oscura la piel, mejor. Cuanto más rizado el cabello, mejor. Cuanto más africana la ropa, mejor.

De 1967 a 1970, los estudiantes negros y sus cientos de miles de aliados no negros obligaron a cerca de mil universidades de casi todos los Estados del país a iniciar departamentos, programas y cursos de Estudios negros. La demanda de estos cursos también se extendió a las escuelas públicas primarias y secundarias, donde los libros de texto todavía presentaban a los afroamericanos como esclavos felices e infrahumanos. Los intelectuales que se dedicaron a los Estudios negros se pusieron a trabajar en nuevos libros de texto antirracistas. Los Estudios negros y las ideas del Poder Negro en general también comenzaron a inspirar transformaciones antirracistas entre gente que no era negra. Los *hippies* blancos, que habían estado en contra de la guerra de Vietnam, habían comenzado a dedicarse a despojar a los estadounidenses blancos de la influencia del racismo (a tratar). Los antirracistas puertorriqueños y el incipiente movimiento de Poder Moreno, también ponían en tela de juicio la jerarquía de color. Y mientras el movimiento seguía creciendo, Angela Davis estaba sumergiendo los pies en otras aguas.

Verás, el movimiento Poder Negro no era perfecto, por supuesto. Y aunque tenía una causa justa, seguía siendo sexista. Los hombres lo controlaban todo. Las mujeres eran relegadas, como lo habían sido en todos los movimientos de liberación racial de la historia. Entonces, Davis comenzó a considerar seriamente unirse al Partido Comunista, que en ese momento era temido por el gobierno estadounidense, pues pensaban que los comunistas (y el comunismo, que se basaba en la idea de acabar con las clases sociales) derrocarían la democracia. Davis, partidaria de los ideales comunistas de la revolución, pensaba que el Partido Comunista no le había prestado suficiente atención al tema de la raza. Pero hubo un colectivo de comunistas de color que sí lo hicieron. El Club Che-Lumumba. Eso bastó para darle el ultimo empujón y que se uniera al Partido. Su primera tarea fue trabajar en la campaña de la primera mujer negra en postularse para la presidencia de Estados Unidos, la candidata del Partido Comunista, Charlene Mitchell.

En las elecciones presidenciales de 1968, Mitchell se enfrentó al vicepresidente de Lyndon Johnson, Hubert Humphrey. Richard Nixon se postuló por el partido republicano. Su innovadora campaña marcó el rumbo futuro de las ideas racistas.

CAPÍTULO 23

El asesinato fue el caso

Richard Nixon y su equipo vieron cómo George Wallace había dirigido su campaña *(¡Vota por el odio!)* y pensaron que sería buena idea seguir sus pasos. Nixon pensaba que el enfoque segregacionista era bueno porque aseguraba el apoyo de los auténticos segregacionistas. Lo que vendría siendo el equipo titular de racistas. Junto con ellos, Nixon pensó que también podría atraer a los blancos que le tenían miedo a… todo lo negro. Vecindarios negros. Escuelas negras. Personas… negras. Y la brillante estrategia (uf) que Nixon usó para abrir una brecha aún mayor y hacer que los racistas se pusieran de su lado fue, simplemente, menospreciar a los negros en cada discurso al mismo tiempo que elogiaba a los blancos. Pero el truco de magia en todo esto —la respuesta a: "¿Cómo escondiste el conejo en el sombrero?"— fue que lo hacía sin nunca hablar de "negros" y "blancos".

Esto se remonta a cosas como la palabra *gueto*.

Y hoy en día, tal vez hayas escuchado la palabra *urbano*.

¿O qué tal *indeseables*?

Ah, y mi favorita (no): *elementos peligrosos*.

Lo cual, con el tiempo, se convirtió en la palabra *maleantes*.

Mi madre llamaría a esto "curarse de espantos", pero, por el bien de este libro de historia que *no es de historia*, vamos a usar la denominación que le dieron los historiadores: "la estrategia sureña". Y de hecho fue —y continuó siendo durante las siguientes cinco décadas— la estrategia nacional que usaron los republicanos para unir a los racistas del Norte y del Sur, a los halcones de la guerra y a los conservadores fiscales y sociales. Este plan llegó justo a tiempo. Con la estrategia del Sur en pleno apogeo y el mensaje sobre la ley y el orden —lo que significaba hacer cualquier cosa para acabar con las protestas o, al menos, pintarlas como baños de sangre—, Richard Nixon ganó la presidencia.

En el otoño de 1969, la campaña de Charlene Mitchell había quedado atrás y Angela Davis se ocupó un puesto de profesora en la Universidad de California en Los Ángeles (UCLA). Pero el FBI tenía otros planes. J. Edgar Hoover, director del FBI, había iniciado una guerra para destruir el movimiento del Poder Negro ese año. Y para deshacerse de Davis bastaba que fuera miembro del Partido Comunista. Ronald Reagan, el entonces gobernador de California, hizo que la despidieran de UCLA. Cuando ella intentó defender su caso, se desató una tormenta mediática. Su buzón se llenó de cartas llenas de odio. Recibió llamadas telefónicas amenazantes y la policía comenzó a acosarla. Y aunque la Corte Superior de California anuló su despido y le permitió volver a trabajar, Reagan buscó nuevas formas de deshacerse de ella.

Y lo consiguió. La vez siguiente, la despidió por hablar en defensa de tres reclusos negros de la prisión estatal de Soledad que, según ella, estaban detenidos solo porque eran activistas del Poder Negro. Sucedió lo siguiente. George Jackson fue trasladado a Soledad desde San Quintín tras cometer infracciones disciplinarias. Ya había cumplido varios años luego de ser acusado de robar setenta dólares en una gasolinera. Su sentencia por ese delito: de un año a cadena perpetua. En 1970, un año después de llegar a Soledad, Jackson y sus compañeros de prisión negros, John Clutchette y Fleeta Drumgo, fueron acusados de asesinar a un guardia en una pelea racial dentro de la cárcel. Cualquier oportunidad que hubiera tenido de salir en libertad estaba ahora encerrada con él tras las rejas.

Angela Davis se había hecho amiga del hermano menor de George Jackson, Jonathan, quien estaba entregado a liberar a su hermano. Habían estado dando mítines. Angela Davis había hablado en ellos. Habían estado dando una buena batalla. Pero eso no era suficiente para Jonathan Jackson, el hermano de George. Decidió tomar la liberación de su hermano en sus propias manos.

Esto es real.

Presta atención.

Va a suceder muy rápido.

7 de agosto de 1970.

Jonathan Jackson entró a un juzgado en el condado de Marin en California.

Llevaba tres pistolas.

Tomó como rehenes al juez, al fiscal y a tres miembros del jurado.

Liberó a tres reclusos que estaban juzgando.

Llevó a los rehenes a una camioneta estacionada afuera.

La policía abrió fuego.

El tiroteo cobró la vida del juez, de dos reclusos y también la de Jonathan Jackson.

Tenía diecisiete años.

Una semana después, Angela Davis fue acusada de asesinato.

Disco rayado. Otra vez.

Una semana después, Angela Davis fue acusada de asesinato. Porque la policía dijo que una de las armas que había usado Jonathan Jackson era de ella. De ser encontrada culpable, la condenarían a muerte. Ángela se dio a la fuga. Fue capturada meses después en el otro extremo del país. Nueva York. 13 de octubre de 1970. Fue detenida y llevada al Centro de Detención de Mujeres de Nueva York. Mientras estaba allí, rodeada de tantas otras mujeres encarceladas, negras y morenas, comenzó a desarrollar su teoría feminista negra.

Al otro lado de los muros de la prisión, las organizaciones luchaban y manifestaban por su libertad. Y este grito de protesta continuó después de diciembre de 1970, cuando Davis fue enviada de regreso a California, donde pasó la mayor parte de su tiempo en la cárcel en confinamiento solitario mientras esperaba ser llevada a juicio. Leyó las cartas, miles de cartas, de activistas y simpatizantes. También estudió su caso. Lo estudió y estudió y estudió. Un año y medio después, finalmente comenzó su juicio.

Se representó a sí misma. Y ganó.

El 4 de junio de 1972, Angela Davis quedó libre. Pero no completamente. No se sentiría libre hasta que no pudiera ayudar a liberar a todas las mujeres y hombres que estaba dejando tras las rejas. Para ella, no tenía ningún valor su propio excepcionalismo. Ella era antirracista. No iba a ponerse a darse golpes de pecho cuando había un desafío mucho mayor que vencer. Cadenas mucho más fuertes que romper.

Tres años después, Angela Davis regresó a la docencia. Nixon había renunciado a su cargo a raíz de un escándalo por el que no fue castigado (no es de extrañar) y Gerald Ford era presidente. Solo te lo digo porque, probablemente, te estarás preguntando qué pasó con Nixon. Pues resulta que era… un mentiroso y no supo, como diría mi madre, *curarse de espantos*. En fin, Davis había aceptado un trabajo en el Centro de Estudios Afroamericanos de la Universidad de Claremont en California Sur y, en seguida, se dio cuenta de que las cosas no habían cambiado mucho desde que se había ido. Los segregacionistas seguían argumentando que las personas negras tenían algún tipo de problema de origen natural, y los asimilacionistas todavía estaban tratando de entender por qué había fracasado la integración. Y la única cosa que los académicos (hombres) asimilacionistas negros seguían alegando era que la masculinidad negra asustaba a los hombres blancos. Que la opresión sistémica era engendrada por la envidia sexual, lo cual es ridículo, porque acepta la idea racista de que los hombres negros son sexualmente superiores (lo que los hace superhumanos y, por lo tanto, *no* humanos) y también le da continuidad a la idea de que las mujeres negras, simplemente, no importan. Las mujeres negras no participaban del diálogo, aunque habían sido la fuerza estabilizadora desde los inicios del diálogo. Todo esto está en consonancia con décadas, ¡siglos!, de propaganda racista. Siglos de hombres blancos, mujeres blancas y hombres negros intentando borrar o desacreditar a quienes pensaban que representaban la mayor amenaza para la libertad, incluso si es solo —en el caso de los hombres negros— la libertad de fingir ser más libres de lo que realmente son.

¿Y qué ocurría con las personas de la comunidad LGBT? ¿No debían formar parte de este diálogo? Afortunadamente, estaban los… medios. Pero no se trataba de otro *Tarzán* o *El planeta de los simios*. Tampoco otra *Cabaña del tío Tom*. Esta vez, tal como la novelista Zora Neale Hurston, que en el pasado había puesto un dialecto sureño en boca de sus personajes femeninos fuertes (*Sus ojos miraban a Dios*), las mujeres negras elevaban su clamor a través del trabajo feminista y antirracista.

Audre Lorde escribió ensayos, historias y poemas desde la perspectiva de ser negra y lesbiana. Se opuso a la idea de que se esperaba que ella, como persona negra, mujer y lesbiana, le enseñara a la gente blanca, hombres y/o heterosexuales, a reconocer su humanidad.

Ntozake Shange usó su energía creativa y antirracista para producir la obra de teatro *Para las niñas de color que han pensado en el suicidio / Cuando el arcoíris es suficiente*, retratando la vida de las mujeres negras y sus experiencias de abuso, alegría, dolor, fuerza, debilidad, amor y anhelo de cariño. Algunas personas temían que fortaleciera estereotipos acerca de las mujeres negras. Otros temían que fortaleciera estereotipos acerca de los hombres negros. Ambos temores son claves del miedo a una verdad antirracista.

Alice Walker escribió *El color púrpura*, una novela que presenta a una mujer negra lidiando con hombres negros abusivos, la abusiva pobreza sureña y blancos racistas abusivos. El viejo argumento acerca del estereotipo masculino negro surgió de nuevo. Pero… ¿y qué?

Y Michelle Wallace escribió un libro llamado *El Macho negro y el mito de la supermujer*. Wallace pensaba que el sexismo era una preocupación aún mayor que el racismo. Fue muy querida, pero también odiada con la misma intensidad.

Y mientras la idea de la masculinidad negra era cuestionada por las mujeres negras, la masculinidad de los blancos era amenazada, constantemente, por los hombres negros. Entonces, una vez más, la América blanca creó un símbolo de esperanza. De "hombría". O sea, un HOMBRE. Un macho. Un vencedor. Y lo exhibió en la pantalla grande. De nuevo. Esta vez, se llamaba Rocky.

Estoy seguro de que has visto al menos una de las películas, aunque sea una de las nuevas. Y si no lo has hecho, conoces la canción de pelea. La canción suena mientras Rocky sube corriendo los escalones de un museo, entrenando, cansado, pero triunfante. Oh sí.

Rocky, interpretado por Sylvester Stallone, era un boxeador italoamericano pobre de Filadelfia, bueno, de habla pausada, puñetazos lentos, humilde, trabajador y con mandíbulas de acero, que debe enfrentarse al campeón mundial de peso pesado, un afroamericano cruel, charlatán, de puñetazos rápidos y arrogante. O sea, ¿en serio? El oponente de Rocky, Apollo Creed (las nuevas películas son sobre su hijo), con su increíble tormenta de puñetazos, era un símbolo de los movimientos de empoderamiento, de la creciente clase media negra y del verdadero campeón mundial de peso pesado en 1976, el orgullo de la masculinidad del Poder Negro, Muhammad Ali. Rocky simbolizaba el orgullo de la masculinidad supremacista blanca que se negaba a ser eliminada por la tormenta de los derechos civiles, y las protestas y políticas del Poder Negro.

Ahora bien, semanas antes de que los estadounidenses corrieran a ver *Rocky*, se apresuraron a comprar el libro de Alex Haley, *Raíces: la saga de una familia estadounidense*. Haley, quien era conocido porque trabajó con Malcolm X en su autobiografía, ahora había escrito, a fin de cuentas, la historia de esclavos de todas las historias de esclavos. Era un libro de setecientas páginas, que luego fue adaptado en una miniserie que se convertiría en el programa más visto de la historia de la televisión. Destruyó un montón de ideas racistas sobre cómo los esclavos eran brutos perezosos, niñeras, las consabidas *mammies,* y zambos, y sobre cómo los dueños de esclavos eran patrones… bondadosos y amables. Pero así como los estadounidenses antirracistas negros amaban su *Raíces*, los estadounidenses racistas blancos amaban —dentro y fuera de la pantalla— a su Rocky, con su lucha implacable por la ley y el orden del racismo. Y entonces, en 1976, su Rocky se postuló para presidente.

CAPÍTULO 24

¿Cuál guerra contra las drogas?

No Rocky, Rocky. Es decir, ni el personaje ni el actor que lo interpretó, Sylvester Stallone (aunque eso hubiera sido divertido o, tal vez, no). Pero era, de hecho, un actor. Uno que ya le había hecho daño a la gente negra. El que se la tenía jurada a Angela Davis y le había impedido trabajar. Así es, Ronald Reagan se postulaba para presidente. Perdió la nominación ante Gerald Ford en 1976, pero volvió en 1980 con mayor fuerza. Usaría una versión actualizada de la política de *la ley y el orden* y la estrategia sureña para dirigirse a sus votantes y hablar de sus enemigos sin tener que decir blanco o negro. Dominó los medios de comunicación (Angela Davis se postuló en su contra por el puesto de vicepresidente y no pudo obtener ninguna cobertura), inventó cuentos falsos sobre la situación del país y ganó.

Y muchas cosas comenzaron a ocurrir. Propaganda nueva y cuestionable que mucha gente se tomó en serio acerca de cómo la genética nos codifica para ser quienes somos. Como si existiera un gen del racismo. Nuevo pensamiento feminista antirracista proveniente de escritoras como bell hooks y, por supuesto, Angela Davis. Pero nada podía preparar a nadie para lo que se avecinaba.

Tras dos años de mandato, Reagan emitió una de las órdenes ejecutivas más devastadoras del siglo veinte. La guerra contra las drogas. Su objetivo, máximo castigo por drogas como la marihuana. Fue en realidad una guerra contra las personas negras. En esa época, los crímenes relacionados con las drogas estaban disminuyendo. De hecho, solo el dos por ciento de los estadounidenses consideraba que las drogas eran el problema más urgente de Estados Unidos. Pocos creían que la marihuana fuera siquiera peligrosa, sobre todo comparada con la mucho más adictiva heroína. ¿Pero el presidente Reagan quería irse a la guerra? ¿Contra las drogas?

Si eres como yo, te estarás preguntando: "¿Él como que consumía drogas?". Sí. Sí, se drogaba. Consumía la droga más adictiva de Estados Unidos. El racismo. Provoca riqueza, un ego inflado y alucinaciones. En este caso, hizo encarcelar injustamente a millones de estadounidenses negros. Y en 1986, durante su segundo mandato, Reagan redobló la guerra contra las drogas al aprobar la Ley Contra el Abuso de Drogas. Esta ley imponía una sentencia mínima de cinco años para un traficante o un consumidor de drogas que tuviera en su posesión cinco gramos de *crack*, la cantidad que generalmente maneja la gente negra y pobre, mientras que los consumidores y traficantes de cocaína en polvo, en su mayoría blancos y ricos —que operaban en los vecindarios con menos policías— tenían que ser capturados con quinientos gramos para recibir la misma sentencia mínima de cinco años.

Haz una pausa para pensar esto.

Misma droga. Diferentes maneras.

Uno recibe cinco años de prisión si lo atrapan con cinco gramos (el tamaño de dos monedas de veinticinco centavos).

El otro recibe cinco años de prisión por quinientos gramos (el tamaño de un ladrillo).

El resultado debería ser obvio. Encarcelamiento masivo de personas negras, a pesar de que tanto blancos como negros vendían y consumían drogas en porcentajes similares. Sin mencionar que los agentes de policía vigilaban más los vecindarios negros y, cuanta más policía, más arrestos. No es ninguna ciencia avanzada. Es racismo.

Y, una vez más, hace trizas a la comunidad negra. Un mayor número de hombres negros eran encarcelados y, cuando volvían a casa (si es que lo hacían), ya no tenían derecho al voto. Sin voz política. Además, sin empleo. No solo debido a los cargos por delitos graves, sino porque las políticas económicas de Reagan habían causado que el desempleo se disparara. De modo que los crímenes violentos aumentaron porque la gente tenía hambre. Y, según Reagan y los racistas, era todo culpa de los negros y no de las políticas racistas que les habían puesto trabas.

Los medios, como siempre, promovieron los estereotipos sin discutir el marco racista que había creado gran parte de ellos. Una vez más, los negros eran holgazanes y violentos, los hombres se ausentaban del hogar porque eran irresponsables y negligentes, y la familia negra se estaba debilitando por todo esto; pero, sobre todo, según Reagan, a causa de la ayuda social. No había evidencia que sustentara nada de esto, pero bueno, ¿quién necesita evidencia cuando tienes el poder, verdad?

Lo peor es que todo el mundo se lo creyó. Incluso las personas negras. Y para compensar esa imagen, o al menos intentarlo, se creó otro programa de televisión que retrata a la familia negra perfecta.

El show de Bill Cosby.

Un médico y una abogada que tienen cinco hijos y que viven en la zona exclusiva de Brooklyn Heights. Clase media alta. Un matrimonio saludable. Buenos padres. El padre, Heathcliff Huxtable, interpretado por Bill Cosby, incluso tiene su oficina en la casa para no correr el riesgo de no estar presente para sus hijos. Está la hija mayor responsable; la segunda hija, que es una muchacha rebelde; el hijo torpe pero tierno; la tercera hija, un poco rara y *nerd*; y la linda y adorable niña pequeña. Y su papel colectivo como una familia de *negros* extraordinarios era convencer a las personas blancas de que las familias negras eran mucho más que los estereotipos con los que las retrataban. Lo cual, por supuesto, era racista en sí mismo, porque en suma estaba diciendo que, si los miembros de una familia negra no se comportaban como los Huxtable, no eran dignos de respeto.

Y, por supuesto, el *show* no hizo nada para frenar la guerra de Reagan. En todo caso, ayudó a crear una visión más polarizadora, porque en 1989, un columnista del *Washington Post*, ganador del premio Pulitzer y graduado en medicina de Harvard, llamado Charles Krauthammer, inventó el término *crack baby*. Este sería utilizado para etiquetar a una generación de niños negros nacidos de padres adictos a las drogas, diciendo que ahora estaban destinados a la inferioridad. Que eran infrahumanos. Que las drogas habían cambiado su genética. No había ningún argumento científico para demostrar nada de esto. Pero ¿quién necesita la ciencia cuando existe el racismo? Y ese término, esa etiqueta, *crack baby*, extendió sus largos brazos y los envolvió alrededor de los niños negros en todos los centros urbanos de Estados Unidos, fuera cierto o no. Krauthammer y los racistas, en suma, habían descubierto cómo crear en sus mentes una generación de delincuentes.

Pero las personas negras, como siempre, se defendieron. Y esta vez, a finales de los ochenta, tras la elección de George H. W. Bush (quien, por supuesto, utilizó las ideas racistas de Reagan para ganar), contrarrestarían el racismo con… un ritmo.

CAPÍTULO 25

La música del dolor y la subversión

1988.

Mi micrófono suena bien. (Prueba uno).

Mi micrófono suena bien. (Prueba dos).

Había llegado el hiphop. Había pasado aproximadamente una década desde su nacimiento en el sur del Bronx. BET y MTV comenzaron a transmitir programas de hiphop. La revista *The Source* llegó a los quioscos ese año, iniciando su reinado como la revista de rap más antigua y de mayor duración del mundo. Pero era la música en sí misma la que estaba impulsando el cambio y el empoderamiento.

A continuación, una lista con algunas de las canciones de ese año (¡búscalas!):

- Slick Rick: "Children's Story" [Cuento para niños]
- Ice-T: "Colors" [Colores]
- N. W. A.: "Staight Outta Compton" [Directamente de Compton]
- Boogie Down Productions: "Stop the Violence" [Detengan la violencia]
- Queen Latifah: "Wrath of My Madness" [La ira de mi locura]
- Public Enemy: "Don't Believe the Hype" [No creas lo que dicen]

Public Enemy marcó la pauta el año siguiente. En 1989, escribieron una canción que se incluyó en la película de rebelión negra *Haz lo correcto*, de Spike Lee. La canción fue un mantra poderoso. Una versión actualizada del "¡Poder negro!", de Stokely Carmichael, y "Dilo en voz alta: soy negro y estoy orgulloso", de James Brown. Eso fue el tema "Fight the Power" [Lucha contra el poder], de Public Enemy para la nueva generación de amantes del hiphop y los adolescentes negros rebeldes enojados por el maltrato racista,.

Y con todo el pensamiento feminista negro, incluido el trabajo de Kimberlé Williams Crenshaw, quien se enfocaba en la intersección entre raza y sexo, mujeres raperas como MC Lyte y Salt-N-Pepa tomaron su lugar en el escenario del hiphop. En realidad, les fue mejor que a las mujeres en Hollywood, porque al menos su arte circuló de manera masiva. Aparte del filme pionero *Hijas del polvo*, de Julie Dash, los hombres negros fueron los únicos que produjeron películas negras importantes en 1991. Estas incluyeron títulos ilustres como *New Jack City*, de Mario Van Peebles; la primera tragedia antirracista de John Singleton, *Los dueños de la calle*; y la aclamada sátira de relación interracial de Spike Lee, *Fiebre salvaje*.

Los hombres negros produjeron más películas en 1991 que durante toda la década de 1980. Pero fue un hombre blanco, George Holliday, quien filmó la película racial más influyente del año, el 3 de marzo, desde el balcón de su apartamento en Los Ángeles. Estaba filmando a un hombre negro de veinticinco años, Rodney King, siendo golpeado brutalmente por cuatro policías de Los Ángeles.

El público —el público negro— estaba devastado. Los diques que contenían las aguas de justa indignación se derrumbaron a la vista de los garrotes de esos oficiales.

"¿Cuánto más podemos soportar?".

"¿Cuánto más?".

El presidente Bush eludió el tema. Nombró a un juez negro, Clarence Thomas, para que reemplazara a Thurgood

Marshall en la Corte Suprema, como si eso fuera suficiente para calmar a una comunidad negra enojada y herida. Y para empeorar las cosas, Clarence Thomas era un asimilacionista de la peor clase. Se veía a sí mismo como el rey de la autosuficiencia. Opinaba que las personas debían salir adelante por sí solas, a pesar de que su trabajo como activista le había permitido ingresar a grandes universidades y conseguir aquel puesto importante. Y para agregar la cereza racista en el pastel, Clarence Thomas había sido acusado de acoso sexual por una mujer llamada Anita Hill cuando ella se desempeñó como su asistente en un trabajo anterior. No pasó nada. Nadie le creyó. De hecho, fue perseguida.

Entonces, en 1991, Angela Davis estaba aturdida. Su año había comenzado con la brutal golpiza de Rodney King (los oficiales estaban siendo juzgados en aquel momento) y terminó con el azote verbal de Anita Hill (Thomas fue confirmado juez de la Corte Suprema a pesar de todo). Como si el recordatorio de que ser negra y mujer no fuera un doble revés, el año también terminó para Davis en un lugar desconocido. Había aceptado ocupar una nueva cátedra en la Universidad de California, Santa Cruz, y se había apartado del Partido Comunista después de haber sido, durante veintitrés años, la comunista más reconocida de Estados Unidos. El partido se negaba a reconocer los problemas que Davis se había esforzado tanto en sacar a la luz. Racismo. Sexismo. Elitismo. Todas las cosas que el Partido Comunista finalmente ayudó a perpetuar. Así que lo abandonó. Pero no saltó de comunista a demócrata. O más bien, una nueva demócrata, ya que el partido estaba atravesando una pequeña reforma. Un *remix*. Una renovación. Fiscalmente liberal, pero severo con la ayuda social y la delincuencia. Y el hombre que dirigía este nuevo Partido Demócrata era un gobernador de Arkansas deslumbrante, elocuente y calculador llamado Bill Clinton.

Era 1992. Y cuando los oficiales que golpearon a Rodney King fueron declarados inocentes, Clinton ya se había llevado la nominación demócrata. Pero ¿quién podía ponerse a pensar en eso cuando Estados Unidos acababa de decirle a millones de personas que habían visto la paliza de Rodney King que esos oficiales no habían hecho nada malo? Entonces, las personas negras protestaron en las calles de Los Ángeles. Se necesitarían veinte mil soldados para detenerlos. Bill Clinton culpó a ambos partidos políticos por fallarle a la América negra, al mismo tiempo que culpaba a la América negra, llamando a la gente en medio del levantamiento —personas que sentían un dolor inmenso— vándalos.

Aproximadamente un mes después, Clinton llevó su campaña a la conferencia nacional de la Coalición Arcoíris, de Jesse Jackson. Aunque Jackson no era nada popular entre los blancos racistas a quienes Clinton intentaba atraer a los nuevos demócratas, cuando Jackson invitó a la artista de hiphop Sister Souljah a hablar en la conferencia, el equipo de Clinton vio su oportunidad política. La joven de veintiocho años, proveniente del Bronx, acababa de lanzar *360 grados de poder*, un álbum antirracista tan provocativo que, en comparación, hacía que las películas de Spike Lee y los álbumes de Ice Cube parecieran *El show de Bill Cosby*.

Y la respuesta de Clinton a Sister Souljah fue que *ella* estaba siendo racista. Fue un truco político, pero emocionó a los votantes racistas y catapultó a Clinton a una ventaja que nunca perdería.

A fines de 1993, los raperos estaban siendo atacados. Eran criticados por todos lados, no solo por Bill Clinton. La veterana de derechos civiles de sesenta y seis años, C. Delores Tucker, y su Congreso Político Nacional de Mujeres Negras llevaron el debate sobre las representaciones de los medios de comunicación a un nuevo nivel racista en su fuerte campaña para prohibir el "rap gánster". Para ella, la música rap estaba haciendo retroceder a las personas negras. Sentía que estaba provocando que fueran más violentas, más materialistas, más sexuales. Para Tucker, esa música hacía inferiores a sus oyentes negros urbanos, aunque nunca dijo nada acerca de los oyentes blancos suburbanos.

Mientras Tucker se concentraba en acabar con el rap gánster, la historiadora del Instituto de Tecnología de Massachusetts (MIT), Evelyn Hammonds, se movilizó contra la difamación de la feminidad negra. Más de dos mil académicas negras de todo el país se dirigieron al campus del MIT el 13 de enero de 1994 para la conferencia "Mujeres negras en la academia: defendiendo nuestro nombre, 1894-1994". Entre ellas, estaba Angela Davis. Ella fue la oradora de clausura de la conferencia. Sin duda, era la académica negra más famosa del país. Pero, sobre todo, a lo largo de su carrera, había defendido de manera constante a las mujeres negras, incluso a aquellas mujeres negras que algunas mujeres negras no querían defender. Podría decirse que ella había sido la voz más antirracista de Estados Unidos durante las dos últimas décadas, inquebrantable en su búsqueda de explicaciones antirracistas, mientras otros tomaban el camino más fácil y racista de la culpa negra.

En su discurso, propuso un "nuevo abolicionismo", impulsando un replanteamiento de las cárceles y de su funcionamiento. Diez días después, el presidente Bill Clinton avaló, a fin de cuentas, una nueva esclavitud. Una ley de "tres *strikes* y estás *out*". Se denominó Ley de Control de Delitos Violentos y Aplicación de la Ley, y se la puso difícil a aquellos delincuentes que tenían tres ofensas, lo que terminó provocando el mayor aumento de la población carcelaria en la historia de Estados Unidos, principalmente por crímenes no violentos relacionados con drogas. Principalmente hombres negros. Por supuesto, esto le puso más combustible al vehículo de "las personas negras son criminales por naturaleza", un vehículo que llevaba mucho tiempo corriendo a toda velocidad y atropellándolo todo a su paso. Pero se estaba gestando (otro) debate académico sobre si las personas negras eran tontas por naturaleza o por crianza. Y este debate en particular tuvo serias repercusiones políticas para los nuevos demócratas de Clinton y sus duras políticas contra las personas negras, y para la fuerza más nueva en la política estadounidense, la cual prometía ser aún más dura.

CAPÍTULO 26

Un millón de personas

La inteligencia. ¿Qué cosa es? No es una pregunta capciosa. O tal vez sí. En todo caso, de eso hablaban los académicos mientras las leyes de lucha contra la delincuencia de Bill Clinton fomentaban el discurso sobre la falta de inteligencia de la gente negra. Los académicos argumentaban que la inteligencia es cosa tan relativa que resulta imposible medirla de manera justa y sin prejuicios. Oh, oh. Esta noción, prácticamente, sacudió los cimientos de las ideas racistas según las cuales los negros son menos inteligentes que los blancos. O que las mujeres son menos inteligentes que los hombres. O que los pobres son menos inteligentes que los ricos. Puso en jaque la idea de que las escuelas blancas son mejores, y aun puso en duda la razón que hace que los estudiantes blancos ingresen a universidades blancas adineradas —no debido a su inteligencia, sino al racismo. A través de pruebas estandarizadas deficientes y sesgadas.

Aparecen Richard Herrstein y Charles Murray. Unos chicos de Harvard. Ellos no iban a tolerar esa forma de hablar. No, no, no. Entonces, escribieron un libro que lo refutaba todo. Se llamó *La curva de campana: inteligencia y estructura de clases en la vida estadounidense*. El libro planteaba que las pruebas estandarizadas eran fehacientes y válidas y, sobre todo, justas. Y ello significaba, por ende, que las personas negras, que tenían un desempeño desproporcionadamente mediocre en estas pruebas, eran intelectualmente inferiores debido a la genética o al entorno. (Ojalá hubiera algo nuevo que agregar, pero, como puedes ver, toda este cuento reciclaba las mismas ideas racistas: los racistas no son gente muy original).

Era el año 1994. Y el libro de Herrstein y Murray se publicó durante la recta final de las elecciones de mitad de período. Los nuevos republicanos dieron a conocer su extremadamente duro "Contrato con América" para recuperar el asunto de la ayuda social y de la delincuencia de manos de los nuevos demócratas de Clinton. (Es curioso cómo todas las cosas nuevas parecen tan… viejas). Charles Murray se subió al tren de la campaña y comenzó a movilizar a los votantes a favor de los republicanos, respaldando y justificando el proyecto de ley contra la ayuda social, llamado Ley de Reconciliación de la Responsabilidad Personal y la Oportunidad de Trabajo.

Responsabilidad personal… jumm.

Se trataba una vez más de *curarse de espantos.*

Lo que disponía era bastante simple: las personas negras, especialmente las pobres, tenían que asumir la "responsabilidad personal" de su situación económica y de las disparidades raciales, y dejar de culpar al racismo por sus problemas y de depender del gobierno para solucionarlos. Convenció a una nueva generación de estadounidenses de que la gente negra irresponsable eran las causantes de las desigualdades raciales y no el racismo. Vendió la mentira de que el racismo no había tenido ninguna efecto. De modo que las personas negras debían dejar de llorar por ello.

Se convirtió en un juego de quién da más. Los demócratas eran duros con la delincuencia y la ayuda social. Los republicanos lo fueron más. Entonces los demócratas fueron más duros. Y, luego los republicanos lo fueron aún más. Tan duros que intentaron, una vez más, hacer que despidieran a Angela Davis después de que la facultad de Santa Cruz de la Universidad de California le otorgó una prestigiosa Cátedra Presidencial en enero de 1995. Seguía siendo una amenaza. Pero ¿cómo podía ser una amenaza si, al mismo tiempo, los republicanos afirmaban que el racismo se había acabado? ¿Qué estaría amenazando? ¿Contra qué seguiría luchando? ¿Por qué debía ser despedida?

Sin mencionar que el año 1995 dejó en claro que el racismo estaba muy lejos de haber acabado.

O sea, en 1995 sucedió el asunto de O. J. Simpson. El juicio. Sé que has oído hablar de eso. Por si acaso, te hago un resumen: fue acusado de matar a su esposa y su amigo, ambos blancos. El juicio dividió al país en dos: la gente negra aupaba la absolución de O. J. y la gente blanca aupaba su condena. Era como estar viendo ver el peor *reality show* de todos los tiempos.

En 1995, el académico John J. Dilulio, de la Universidad de Princeton, creó el término *superdepredador* para describir a los jóvenes negros de catorce a diecisiete años. Las tasas de asesinatos en ese rango de edad habían aumentado, pero también lo había hecho el desempleo. Por supuesto, Dilulio dejó esa parte fuera.

En el año 1995 también tuvo lugar la mayor movilización política en la historia de la América negra. La marcha del millón de hombres. Había sido propuesta por Louis Farrakhan, líder de la Nación del Islam. Aunque la marcha causó una poderosa oleada, tuvo deficiencias a causa de su sexismo, contra el cual Angela Davis se pronunció el día antes de la marcha.

En 1995, los activistas se unieron para defender al prisionero político negro más famoso de ese entonces, Mumia Abu-Jamal. Había sido condenado por matar a un policía blanco en Filadelfia en 1982, aunque afirmaba ser inocente. Ese año se publicó un libro con sus comentarios: *En vivo desde el corredor de la muerte*. Iba a ser ejecutado el 17 de agosto de 1995, pero debido a las protestas, a Mumia se le concedió una suspensión indefinida de la ejecución.

¿Y dónde estaba Bill Clinton mientras pasaba todo esto? No en la marcha del millón de hombres, por supuesto. Estaba en Texas, suplicándole a los evangélicos por la sanación racial. En lugar de escuchar a las personas que lidiaban con el asunto, fue a rogarle a la gente que no lidiaban con él que le pidieran a Dios que lo arreglara. Y, por supuesto, eso se convirtió en un *ruego a Dios que arregle a la gente negra*. Y eso a pesar de que, un año después, se prohibió en California la política de acción afirmativa destinada a garantizar la igualdad en la oportunidad de empleo, haciendo que el campo de juego, especialmente en lo que se refiere a la educación superior, fuera más desigual. El porcentaje de afroamericanos en los campus de la Universidad de California comenzó a disminuir y la presión para acabar con la política de acción afirmativa se expandió, todo bajo la supervisión de Bill Clinton.

En junio de 1997, Clinton pronunció un discurso en el alma mater de Angela Davis, la facultad de San Diego de la Universidad de California. Fue como si de repente hubiera visto la luz (¡qué ironía!) y se comprometió a liderar "al pueblo estadounidense en un diálogo grandioso y sin precedentes sobre la raza".

Los reformadores raciales lo aplaudieron.

Y las mujeres negras tenían algo que decir. Un empujoncito. Ya sabes, para ayudar a iniciar el diálogo.

Y cuando digo mujeres negras, estoy realmente hablando de… un millón de ellas.

El 25 de octubre de 1997, en Filadelfia, un millón de mujeres negras se reunieron para que se escuchara su voz. Hablaron la congresista Maxine Waters, Sister Souljah, Winnie Mandela, Attallah e Ilyasah Shabazz (las hijas de Malcolm X) y Dorothy Height. Pero también lo hicieron los hombres blancos. No en la marcha, sino en los medios. Y lo que alegaron en respuesta a las declaraciones de Clinton fue que la forma de arreglar el racismo era dejar de enfocarse en él.

¡Incorrecto!

Pero eso fue lo que dijeron. Y esa opinión marcó el tono para lo que se convertiría en el "daltonismo racial".

HAGAMOS UNA PAUSA.

Respira. Cuántas personas conoces que dicen "tengo un amigo negro" y luego de esa afirmación terminan diciendo "pero no me fijo en el color".

Sí hombre, cómo no. **CONTINUEMOS**

Esta retórica del daltonismo racial pareció tener el efecto deseado. Segregacionistas y asimilacionistas comenzaron a favorecer el producto daltónico casi un siglo después de que la Corte Suprema fallara a favor del "separados pero iguales". Y tuvo el mismo efecto. Palabras vacías. Se acercaba el milenio y la gente seguía sin poder vislumbrar la igualdad, por causa del color. Pero usaron una nueva pintura "multicultural" para tapar la mancha racista. Iban a necesitar varias capas.

CAPÍTULO 27

Una ley de más

¿Quieres que te diga algo increíble? ¿Y extraño? ¿Y que a la vez es sorprendente y no tiene nada de sorprendente?

El 26 de junio de 2000 se presentó la evidencia científica de que las razas son iguales en un 99.9 por ciento. Fue en el año 2000 cuando se le presentó a la gente la evidencia científica de que los seres humanos son iguales, independientemente del color de su piel. Qué locura, ¿verdad?

Bill Clinton lo anunció como si fuera noticia.

Pero Craig Venter, uno de los científicos responsables, habló al respecto de una manera más franca que Clinton. "El concepto de raza no tiene base genética ni científica", dijo Venter. Su equipo de investigación en Celera Genomics había determinado "el código genético" de cinco individuos que se identificaron como "hispanos, asiáticos, caucásicos o afroamericanos", y los científicos no pudieron diferenciar una raza de otra.

Pero aún quedaba un 0.1 por ciento. Y esa diferencia del 0.1 por ciento entre humanos *debe* ser racial. Lo sea o no, iba a ser explotada por científicos racistas que hicieron todo lo posible para proporcionar evidencia de que las razas eran biológicamente diferentes. Primero la teoría de la maldición y el poligenismo, y ahora los genes: los racistas eran incansables.

Pero no tuvieron mucho éxito. Meses después, el Informe de los Estados Unidos ante el Comité de las Naciones Unidas para la Eliminación de la Discriminación Racial señaló lo que ahora era el disco rayado racial del país: se habían logrado "éxitos sustanciales", pero quedaban "obstáculos importantes". Era septiembre de 2000 y el gobernador de Texas, George W. Bush, se comprometía a restaurar "el honor y la dignidad" en la Casa Blanca, mientras el vicepresidente Al Gore intentaba distanciarse del escándalo de la impugnación de Bill Clinton. Los resultados del informe sobre la discriminación y las disparidades halladas a todo lo largo del tablero de Estados de los Estados Unidos no se convirtieron en temas de discusión de la campaña, pues no eran muy positivos que digamos ni para la administración Clinton ni para la América daltónica de los republicanos. La ciencia dice que las razas son biológicamente iguales. Entonces, si no son iguales en la sociedad, la única causa de esa desigualdad es el racismo.

Y volvió a desempeñar su papel en la ley unos meses después, cuando a decenas de miles de votantes negros en el Estado de Florida, gobernado por Jeb Bush, se les prohibió votar o se les destruyó el voto, lo cual le permitió a George W. Bush ganar en el Estado de su hermano por menos de quinientos votos. Este acto racista terminó llevando a George W. Bush a la presidencia.

Pero una vez en el cargo, tampoco pudo detener el ímpetu antirracista. La conversación sobre reparaciones se había acelerado y casi doce mil mujeres y hombres se dirigieron a la hermosa Durban, Sudáfrica, para la Conferencia Mundial de las Naciones Unidas contra el Racismo, la Discriminación Racial, la Xenofobia y las Formas Conexas de Intolerancia, que se celebró del 31 de agosto al 7 de septiembre de 2001. Los delegados hicieron circular un informe sobre el complejo industrial de cárceles y las mujeres de color, del cual Angela Davis era coautora. También identificaron a Internet como el mecanismo más reciente para difundir ideas racistas, señalando los aproximadamente sesenta mil sitios supremacistas blancos y la frecuencia de los comentarios racistas en la sección de comentarios de las historias en línea sobre personas negras. Estados Unidos tenía la delegación más grande y los estadounidenses antirracistas establecieron conexiones fructíferas con activistas de todo el mundo, muchos de los cuales querían asegurarse de que la conferencia lanzara un movimiento antirracista mundial. Cuando los participantes comenzaron a viajar de regreso a Senegal, Estados Unidos, Japón, Brasil y Francia el 7 de septiembre de 2001, estaban propagando su ímpetu antirracista por el mundo entero.

Entonces, todo se vino abajo estrellándose. Literalmente. El 11 de septiembre de 2001. Luego de que unos tres mil estadounidenses perdieran la vida de manera desgarradora en los ataques al World Trade Center, al Pentágono y en el vuelo 93 de United Airlines que cayó en Pensilvania, el presidente Bush condenó a los "malhechores", a los "terroristas" dementes, al mismo tiempo que promovía sentimientos antislámicos y antiárabes. Los racistas daltónicos se aprovecharon de las intensas pasiones que se exacerbaron en los días posteriores al 11 de septiembre, utilizando el discurso de una América unida y patriótica, donde cualquiera que no agitara una bandera era, de hecho, un enemigo del país.

Pero no había un frente unido. No si lo miramos desde una perspectiva más amplia. La acción afirmativa todavía estaba en tela de juicio, y nadie quería encarar el hecho de que el problema de la educación podía abordarse mejor si se erradicaban las preferencias raciales de las pruebas estandarizadas. Pero el uso de estas pruebas *aumentó* en la educación primaria y secundaria en 2003, cuando entró en vigor la ley bipartidista Que Ningún Niño Se Quede Atrás de la administración Bush. La premisa era simple. Se fijan objetivos altos y se realizan pruebas con frecuencia para ver si esos objetivos se están cumpliendo. Luego se financian las escuelas en función de esos resultados. Y a pesar de llamarse Que Ningún Niño Se Quede Atrás, la ley fomentó mecanismos que *redujeron* los fondos para las escuelas cuando los estudiantes no demostraban mejoras en su rendimiento, dejando atrás, por lo tanto, a los estudiantes más necesitados. Una vez más, se culpó a los niños negros. Y a los profesores negros. Y a las escuelas públicas. No a las políticas racistas.

Y lo peor es que los asimilacionistas negros aceptaron este razonamiento una vez más. Gente como Bill Cosby, que culpaba a los padres de familia negros. "Las personas de bajos recursos económicos no están cumpliendo su parte en este acuerdo. Estas personas no están siendo buenos padres", dijo Cosby en Washington D. C., después de ser homenajeado en la gala de la NAACP en mayo de 2004. "Están comprando cosas para los niños. Zapatos deportivos de quinientos dólares, ¿para qué? Y luego no quieren gastarse doscientos dólares en los materiales educativos de la marca Hooked on Phonics. Me refiero a esas personas que se quejan cuando ven a su hijo parado ahí con un traje naranja de preso".

Y mientras Bill Cosby llevaba sus ideas racistas en una gira de conferencias, una estrella en ascenso del Partido Democrático, Barack Obama, echó por tierra el mensaje de Cosby durante el discurso que pronunció en la apertura de la Convención Nacional Demócrata en Boston el 27 de julio de 2004. "Vayan a cualquier vecindario de un centro urbano y la gente les dirá que el Estado por sí solo no puede enseñarles a los niños a aprender. Ellos saben que los padres tienen que enseñar, que los niños no pueden alcanzar logros a menos que aumentemos sus expectativas y apaguemos los televisores y erradiquemos la calumnia que dice que un joven negro con un libro está actuando como un blanco. Ellos saben esas cosas". Un aplauso atronador interrumpió a Obama cuando el público asimiló su desmantelamiento de la crítica de Cosby. Obama se presentaba a sí mismo como un unicornio racial y socioeconómico. Origen humilde y un elevado ascenso. Ascendencia tanto estadounidense como inmigrante. Además, ancestros africanos y europeos. Llenaba todas las casillas. Y aunque en esa época estaba haciendo campaña por John Kerry (que perdió las elecciones frente a George W. Bush), estaba claro que había nacido una estrella.

CAPÍTULO 28

Un milagro y un tal vez más

Dos semanas después de ese emocionante discurso de presentación, se reeditó la autobiografía de Barack Obama, *Los sueños de mi padre: una historia de raza y herencia*. Escaló a la carrera las listas de ventas y obtuvo críticas entusiastas en los últimos meses de 2004. Toni Morrison, la reina de las letras estadounidenses y editora de la autobiografía icónica de Angela Davis tres décadas antes, estimó que *Los sueños de mi padre…* era un texto "bastante extraordinario". Obama había escrito la autobiografía en 1995, un año lleno de conflictos raciales, mientras se preparaba para iniciar su carrera política en el Senado de Illinois.

En el libro, afirmaba estar exento de ser un "*Negro* extraordinario", pero en 2004, los estadounidenses racistas de todos los colores comenzarían a aclamar a Barack

Obama —con toda su inteligencia pública, moralidad, habilidad para hablar y éxito político— como tal. El sello distintivo del "*Negro* extraordinario" había recorrido un largo camino desde Phillis Wheatley hasta Barack Obama, quien se convirtió en el único afroamericano de la nación en el Senado de los Estados Unidos en 2005. Con Phillis Wheatley, los racistas despreciaban la capacidad de la mente negra, pero con Obama, le estaban dando la espalda a la historia para poder verlo como el símbolo de una América postracial. Una excusa para decir que la fealdad se había acabado.

Pero ese verano un desastre natural y racial devastador hizo estallar la burbuja de la fantasía postracial y, en todo caso, forzó un tenso debate sobre el racismo. Durante los últimos días de agosto de 2005, el huracán Katrina cobró más de mil ochocientas vidas, desplazó a millones de personas, inundó la hermosa costa del Golfo y causó miles de millones de dólares de daños a la propiedad. El huracán Katrina voló el techo que impedía ver los colores en Estados Unidos y permitió que todos vieran —si se atrevían a mirar— la espantosa evolución del racismo.

Durante años, científicos y periodista advirtieron que, si el sur de Luisiana sufría "el impacto directo de un gran huracán", los diques podrían fallar y la región —una comunidad negra y pobre— se inundaría y sería destruida. Nadie hizo nada.

Y una vez que sucedió, la respuesta de la Agencia Federal para el Manejo de Emergencias [FEMA, por sus siglas en inglés] se retrasó. Se rumoreaba que el gobierno de Bush le había ordenado a FEMA que retrasara su respuesta con el objetivo de ampliar la compensación por daños para aquellos que se iban a beneficiar. Sea o no cierto, se retrasaron. Y la gente se estaba ahogando. Se necesitaron tres días para desplegar tropas de rescate en la región de la costa del Golfo, más tiempo del que se tardó en poner tropas en el terreno para sofocar la rebelión de Rodney King de 1992. Y luego llegaron los medios. Esta vez, divulgaron noticias tergiversadas de saqueos e historias espantosas y sensacionalistas de niños que estaban siendo degollados en el Superdome (que servía de refugio para los damnificados).

En la era del racismo daltónico, sin importar cuán espantoso fuera el crimen racial, sin importar cuánta evidencia se hubiera acumulado contra ellos, los racistas se presentaban ante el juez y se declaraban "no culpable". Pero ¿cuántos criminales confiesan cuando no tienen que hacerlo? Desde los "civilizadores" hasta los examinadores estandarizados, los asimilacionistas rara vez han confesado ser racistas. Los esclavizadores y los segregacionistas de Jim Crow se fueron a la tumba clamando su inocencia. Y como tantos presidentes antes que él, incluidos Reagan, Lincoln y Jefferson, es probable que George W. Bush lo haga también.

El 10 de febrero de 2007, Barack Obama se paró frente al edificio Old State Capitol, en Springfield, Illinois y anunció formalmente su candidatura presidencial. Estaba en el mismo sitio en que Abraham Lincoln había pronunciado su histórico discurso de la "Casa dividida" en 1858. El anuncio de Obama rebosaba de palabras de unidad, esperanza y cambio estadounidenses. Nadie lo vio venir. De hecho, todo el mundo decía que Hillary Clinton era la opción inevitable, hasta que Obama se abrió paso en Iowa y le arrebató la presidencia delante de sus narices. Cuando llegó el 5 de febrero de 2008, el supermartes (el martes de la temporada de elecciones presidenciales en que se celebran elecciones primarias en la mayor cantidad de Estados), los estadounidenses habían sido arrastrados por el *Yes We Can*, "Sí podemos", la cruzada de esperanza y cambio de Obama, temas que encarnaba y de los cuales hablaba con tanta elocuencia en sus discursos que la gente ansiaba escucharlo. Pero a mediados de febrero, su brillante y perspicaz esposa, Michelle Obama, durante una congregación en Milwaukee dijo: "Por primera vez en mi vida adulta, estoy realmente orgullosa de mi país, y no solo porque a Barack le ha ido bien, sino porque yo creo que la gente ansía un cambio". Eso bastó para que los racistas la atacaran y la llamaran antipatriótica. Para tratar de derribar a los Obama y desacreditarlos. Los comentaristas racistas se obsesionaron con el cuerpo de Michelle Obama, su cuerpo de casi dos metros, cincelado y curvilíneo, semimasculino e hiperfemenino al mismo tiempo. Buscaron problemas en su matrimonio negro y su familia negra, llamándolos extraordinarios cuando no encontraron ninguno.

Luego, encontraron un chivo expiatorio en uno de los teólogos de la liberación más venerados de la América negra, el pastor, recientemente jubilado, de la gran Iglesia Unida de Cristo Trinidad de Chicago, Jeremiah Wright. Había oficiado la boda de los Obama y habló con sinceridad sobre sus sentimientos por un país que había trabajado horas extras para matarlo a él y a su gente. Pero los medios utilizaron las críticas de Wright a Estados Unidos para difamar a Obama.

Obama trató de ignorarlo. Trató de restarle importancia a su relación con el pastor Wright, pero nada funcionaba. Entonces pronunció más bien el discurso de su vida. Se llamó "Una unión más perfecta". Fue un discurso sobre la raza, y osciló entre el doloroso pensamiento asimilacionista y el antirracismo audaz.

Y funcionó. Lo impulsó a seguir adelante, más allá del aluvión de obstáculos por venir, incluido el avivado por Donald Trump, que cuestionaba si Obama era en realidad un ciudadano estadounidense.

Y el 4 de noviembre de 2008, una profesora recientemente jubilada de sesenta y cuatro años, Angela Davis, votó por uno de los dos grandes partidos políticos por primera vez en su vida como votante. Se había jubilado de la universidad, pero no de su activismo público de cuatro décadas. Seguía viajando por el país tratando de despertar un movimiento abolicionista contra las cárceles. Al emitir su voto por el demócrata Barack Obama, Davis se unió a aproximadamente 69.5 millones de estadounidenses. Pero más que votar por el hombre, Davis votó por los esfuerzos de terreno de los organizadores de la campaña, los millones de personas que exigían un cambio.

Cuando las redes comenzaron a anunciar que Obama había sido electo cuadragésimo cuarto presidente de Estados Unidos, la felicidad estalló de costa a costa. Salió de Estados Unidos y se extendió por el mundo antirracista.

Davis estaba en el delirio de Oakland. Personas que ella no conocía se acercaban y la abrazaban mientras caminaba por las calles. Vio gente cantando al cielo y bailando en las calles. La gente que vio Angela Davis y todas las demás personas alrededor del mundo que estaban celebrando no estaban fascinados por la elección de un individuo, sino por el orgullo de la victoria de la gente negra, por el éxito de millones de organizadores de base, y porque habían demostrado que todos los incrédulos que habían dicho que elegir a un presidente negro era imposible estaban equivocados. Estaban sobre todo extasiados por el potencial antirracista de un presidente negro.

Pero, como dice mi madre, no hay mucha paga para el potencial ¿o sí la hay? El presidente Obama era un símbolo. Sí. De esperanza. De progreso. Pero también de asimilacionismo. Tanto es así que estaba acostumbrado a justificar el racismo. Acostumbrado a absolverlo. Obama se alineó con figuras como Lincoln, Du Bois, Washington, Douglass y muchos otros, que tuvieron destellos —momentos auténticos— de pensamiento antirracista, pero que siempre parecían asimilarse bajo presión. Saltó a la fama por enfrentarse a Bill Cosby porque culpaba a gente negra, para lanzarse de cabeza a la asimilación poco después, criticando a la gente negra exactamente de la misma manera. Y al igual que con los líderes negros antes que él, la asimilación no funcionó. Los segregacionistas salieron de cada odioso agujero y de debajo de cada roca racista. Lo odiaban, trabajaron incansablemente para destruirlo y desacreditarlo, y lo usaron como una manera de denigrar a las personas negras. Para aumentar el absurdo racista y los estereotipos, recurriendo una vez más a su lista favorita de música beata, tocando todas las melodías racistas clásicas: negro salvaje, negro tonto, negro ocioso, negro nadie. Cualquier cosa con tal de difamar al presidente Obama y a la gente negra en los medios. Los políticos racistas y las personalidades racistas de los medios trabajaron para encontrar maneras de sofocar el ego que, según ellos suponían, venía de la mano con un presidente negro.

Y que venía de la mano con ser negro en tiempos de un presidente negro.

Y que venía de la mano con... ser negro.

La gente empezó a morir. La gente siguió muriendo. Vidas de niños se acabaron a manos de policías y justicieros que no valoraban la humanidad negra. Policías y justicieros que andan libres por la vida. Pero, al igual que en otros momentos de la historia racista de Estados Unidos, los antirracistas se abren paso desde los márgenes para defenderse. Con presidente negro o sin él.

Alicia Garza, Patrisse Cullors y Opal Tometi fundaron el movimiento #BlackLivesMatter [Las vidas negras importan] como una respuesta directa a la violencia racista de la brutalidad policial. Salida de la mente y el corazón de estas tres mujeres negras —dos de las cuales son *queer*—, esta declaración de amor significó intuitivamente que, para ser verdaderamente antirracistas, también debemos oponernos a todo el sexismo, la homofobia, el colorismo, etnocentrismo, nativismo, y los prejuicios culturales y de clase que pululan y se combinan con el racismo para hacerle daño a tantas vidas negras. La declaración antirracista de nuestra ´época saltó rápidamente de las redes sociales a carteles y bocas que gritaban en las protestas antirracistas en todo el país en 2014. Los manifestantes rechazaban la declaración racista nacida hacía seis siglos: que las vidas negras no importan. #BlackLivesMatter pasó rápidamente de una declaración de amor antirracista a un movimiento antirracista lleno de jóvenes que operan en grupos locales de BLM en todo el país, a menudo dirigidos por jóvenes negras. Colectivamente, estos activistas estaban presionando contra la discriminación en todas sus formas, en todos los ámbitos de la sociedad y desde una miríada de puntos estratégicos. Y en reacción a quienes actuaban como si las vidas de los hombres negros importaran más, las feministas antirracistas exigieron con arrojo a los Estados Unidos a que dijeran su nombre, #SayHerName, para arrojar luz sobre las mujeres que también han padecido en las manos y bajo los pies del racismo. Quizá ellas, las hijas antirracistas de Davis, deban ser exaltadas como un símbolo de esperanza, porque supieron aprovechar un potencial y lo convirtieron en poder. Y sobre todo, quizá todos debamos hacer lo mismo.

EPÍLOGO

¿Cómo te sientes? Es decir, espero que después de leer este libro de historia que *no es de historia*, hayas obtenido algunas respuestas. Espero que haya quedado claro cómo el constructo de la raza siempre se usó para ganar y mantener el poder, tanto económica como políticamente. Cómo siempre se ha utilizado para crear dinámicas que nos separan para mantenernos quietos. Para mantener rodando la bola de los privilegios blancos y adinerados. Y que más que con las personas se entreteje sobre todo con las políticas a las que la gente adhiere y cree que son ciertas.

Leyes que han impedido a la gente negra ser libres, votar, recibir educación, tener seguro médico, vivienda, ayuda del Estado, recibir atención médica, comprar, caminar, conducir... respirar.

Leyes que tratan a los seres humanos negros como si no fueran nada. No, como si fueran animales.

Vayamos con eso. Animales. Si llamamos perro a una persona en particular durante suficiente tiempo, alguien que no es como esa persona y que tiene más poder que esa persona lo creerá. En especial, si le damos una correa a la persona poderosa y razones para ponerla alrededor del cuello de la persona oprimida. Si justificamos alimentarlos con comida para perros. Si les ponemos un bozal cuando ladran, alegando que sus ladridos, al igual que sus gemidos, son violentos. Si les cortamos la cola. Las orejas. Si los castigamos cuando muerden los objetos de la casa, cuando mordisquean la puerta de madera. Y si podemos convencer a la persona con poder de que un niño es un perro —si presentamos documentos (fraudulentos) de pedigrí—, ¿por qué habría esa persona de cuestionar que esos humanos (como perros) sean considerados mascotas, que sean poseídos, entrenados, utilizados, reproducidos y vendidos?

Así funciona el racismo.

Es decir, todo lo que se necesita es el tipo de medio adecuado para encender la chispa. Para darle fuerza. Al menos, eso es lo que la historia nos ha mostrado. Cuenta cierta historia de determinada manera. Haz una película que te muestre como el héroe. Consigue suficiente gente

de tu lado que te diga que tienes la razón y la tendrás.
Aunque estés equivocado. Y una vez que te hayan dicho
que tienes la razón durante suficiente tiempo, y que tu
razón te haya llevado a una vida lucrativa y privilegiada,
harás cualquier cosa para que no se demuestre que estás
equivocado. Incluso pretender que los seres humanos no
son seres humanos.

De Zurara a Harriet Beecher Stowe. De Sojourner
Truth a Audre Lorde. De Ida B Wells-Barnett a Zora
Neale Hurston. De Frederick Douglass a Marcus Garvey.
De Jack Johnson a Muhammad Ali. De *Tarzán* al *Planeta
de los simios*. De Ma Rainey a Public Enemy. De Langs-
ton Hughes a James Baldwin.

De Cotton Mather
    a Thomas Jefferson,
        a William Lloyd Garrison,
            a W. E. B. Du Bois,
                a Angela Davis,
                a Angela Davis,
                a Angela Davis,

... nos llevan de vuelta a la pregunta de si tú, lector, quieres
ser un segregacionista (alguien que odia), un asimilacionista

(alguien que es cobarde) o un antirracista (alguien que ama de verdad).

La decisión es tuya.

No tengas miedo.

Solo inhala. Contén la respiración. Ahora exhala lentamente:

A H O R A.

AGRADECIMIENTOS

Hay tantas personas a las que debo agradecer, incluida nuestra editora, Lisa Yoskowitz, de la editorial Little Brown, y mi agente Elena Giovinazzo, quienes creyeron que yo era capaz de hacer esto. Quisiera agradecerle a mi madre, que cree que soy capaz de hacer cualquier cosa. Y, por supuesto, me gustaría agradecer al Dr. Ibram X. Kendi. Su brillo y esmero son dignos de elogio. Gracias por ser un ejemplo y por confiarme un proyecto tan especial. Más importante aún, gracias por esta gigantesca y pionera contribución a nuestra compleja historia. Su libro es una nueva piedra angular en el diálogo estadounidense acerca de la raza. Su voz es un nuevo diapasón.

Pero a nadie me gustaría agradecer más que a todos los jóvenes. Los que leyeron el libro (y los que lo están

STAMPED: EL RACISMO, EL ANTIRRACISMO Y TÚ

leyendo ahora) y aquellos que quizá nunca lo abran. Todos ustedes merecen un agradecimiento. Todos ustedes
merecen reconocimiento. Todos ustedes merecen saber
que, de hecho, son el antídoto contra la antinegritud, la
xenofobia, la homofobia, el clasismo, el sexismo y los otros
cánceres que ustedes no han causado, pero que, con segu-
ridad, tienen el potencial de curar.

¿Sabes cómo lo sé? Porque soy uno de los afortu-
nados que pasan tiempo con ustedes. He estado en sus
escuelas, he caminado por los pasillos con ustedes. He al-
morzado con ustedes y compartido bromas con ustedes.
He visitado sus bibliotecas y centros comunitarios, desde
los suburbios hasta los complejos de viviendas públicas.
He estado en las escuelas alternativas y en los centros de
detención. Desde los centros urbanos hasta Iowa. Y eso
me enseñó que ustedes son mucho más abiertos y empá-
ticos que las generaciones anteriores. Tanto es así que su
sensibilidad es utilizada como un insulto, una razón para
desdeñarlos. Su deseo de un mundo justo se ve como una
debilidad. Me enseñó que su indignación es mundial,
porque el mundo ahora está en la palma de sus manos.
Tienen la capacidad de teletransportarse, de desplazar-
se sobre una zona de guerra o un asesinato. Ser testigos
de protestas y revoluciones de culturas que no son las

suyas, pero que comparten su frustración. Su rechazo. Su miedo.

Pero tengo que advertirles…

Deslizar sus dedos por la pantalla nunca será suficiente.

Compartir publicaciones nunca será suficiente.

Usar un *hashtag* nunca será suficiente.

Porque el odio tiene una manera de convencernos de que un amor a medias es suficiente. Lo que quiero decir con eso es que nosotros —todos nosotros— tenemos que luchar contra el espectáculo y apoyarnos en la participación. Tenemos que ser participantes. Activos. Tenemos que ser más que miembros de la audiencia sentados cómodamente en las gradas de la moralidad, gritando "¡ESO NO ESTÁ BIEN!". Eso es demasiado fácil. Debemos más bien ser jugadores en el campo, en la cancha, en nuestras aulas y comunidades, tratando de *hacerlo* bien. Porque se necesita toda una mano —ambas manos— para atrapar el odio. No solo un dedo pulgar enviando mensajes de texto y un dedo índice deslizándose por la pantalla.

Pero tengo que advertirles, otra vez:

No podemos atacar algo que no conocemos.

Es peligroso. Y es… tonto. Sería como intentar talar un árbol desde lo alto. Si entendemos cómo funciona el árbol, que su poder reside en el tronco y las raíces, y que la gravedad está de nuestro lado, podemos atacarlo, cada uno de nosotros con hachas pequeñas, y cambiar la faz del bosque.

Así que aprendamos todo lo que hay que saber sobre el árbol del racismo. La raíz. La fruta. La savia y el tronco. Los nidos construidos con el tiempo. Las hojas cambiantes. De esa manera, su generación, finalmente, podrá cortarlo de manera efectiva.

Gracias, jóvenes. Ojalá pudiera nombrarlos a todos.

Pero me gustaría mucho más que se nombraran ustedes mismos.

—Jason

Me gustaría agradecer a todas las personas que conozco y a las que no conozco que me ayudaron y apoyaron en la composición de *Marcados al nacer*, en el que se basa este libro. Empezando por mis siempre cariñosos familiares y amigos hasta mis colegas en la academia y en la American University, que siempre me apoyaron; y a los innumerables pensadores, vivos y muertos, dentro y fuera de la academia, cuyos trabajos sobre la raza han dado forma a mi pensamiento y a esta historia: les doy las gracias. Sin lugar a duda, este libro está escrito tanto por ustedes como por mí.

Mi objetivo era escribir un libro de historia que pudiera ser devorado por tanta gente como fuera posible —sin dejar de lado las serias complejidades—, porque las ideas racistas y su historia nos han afectado a todos. Pero Jason Reynolds llevó su *remix* de *Marcados al nacer* a otro nivel de accesibilidad y brillo. No puedo agradecerle lo suficiente su voluntad de producir este *remix* sofisticado que impactará a generaciones de jóvenes y no tan jóvenes.

Me gustaría agradecer a mi agente, Ayesha Pande, quien, desde el principio, fue una de las grandes campeonas de *Marcados al nacer* y *Stamped: el racismo, el antirracismo y tú*. Ayesha, no doy por sentado que hayas creído en estos libros. Y debo agradecer a la editorial Little, Brown Books for Young Readers y a nuestra notable editora, Lisa Yoskowitz, quien desde el principio reconoció claramente la importancia y el impacto potencial de *Marcados*. A Kathy O'Donnell, de Bold Type Books, gracias de nuevo por trabajar conmigo en *Marcados al nacer*. A Michelle Campbell, Jackie Engel, Jen Graham, Karina Granda, Siena Koncsol, Christie Michel, Michael Pietsch, Emilie Polster, Victoria Stapleton, Megan Tingley: a todas las personas involucradas en la producción y comercialización de este libro, no puedo agradecerles lo suficiente.

Me gustaría dar un reconocimiento especial a mis padres, Carol y Larry Rogers, y a mis hermanos, Akil y Macharia. El amor es realmente un verbo y les agradezco su amor.

Dejé para el final a una persona que estaba tan emocionada como yo de que Jason y yo estuviéramos trabajando juntos en este libro: mi esposa, Sadiqa. Gracias, Sadiqa, y gracias a todos, por tanto.

—Ibram

LECTURAS ADICIONALES

Lecturas adicionales que puedes consultar:

Complete Writings [Escritos completos], de Phillis Wheatley. Penguin Classics, 2001.

Narrative of the Life of Frederick Douglass [Vida de un esclavo americano, escrita por él mismo], de Frederick Douglass. Oficina contra la esclavitud, 1845; Signet Classics Edition, 2005.

Narrative of Sojourner Truth [La historia de Sojourner Truth], de Sojourner Truth. Impreso a nombre de autor, 1850; Penguin Classics Edition, 1998.

Their Eyes Were Watching God [*Sus ojos miraban a Dios*], de Zora Neale Hurston. J. B. Lippincott, 1937; HarperCollins, 2000.

The Black Jacobins [*Los jacobinos negros*], de C. L. R. James. Secker & Warbug, 1938.

Native Son [*Hijo nativo*], de Richard Wright. Harper & Brothers, 1940.

Montage of a Dream Deferred [Montaje de un sueño aplazado], de Langston Hughes. Henry Holt, 1951.

Invisible Man [*El hombre invisible*], de Ralph Ellison. Random House, 1952.

The Fire Next Time [*La próxima vez el fuego*], de James Baldwin. Dial Press, 1963.

The Autobiography of Malcolm X: As Told to Alex Haley [*Malcolm X. Autobiografía: como se la contó a Alex Haley*], de Malcolm X. Grove Press, 1965; Ballantine Books, 1992.

I Know Why the Caged Bird Sings [*Yo sé por qué canta el pájaro enjaulado*], de Maya Angelou. Random House, 1969.

The Bluest Eye [*Ojos azules*], de Toni Morrison. Holt, Rinehart y Winston, 1970.

The Dutchman [*El holandés*], de LeRoi Jones. Quill Editions, 1971.

The Color Purple [*El color púrpura*], de Alice Walker. Harcourt Brace Jovanovich, 1982.

Women, Race, and Class [*Mujeres, raza y clase*], de Angela Y. Davis. Vintage Books, 1983.

Sister Outsider [*La hermana, la extranjera*], de Audre Lorde. Crossing Press, 1984.

For Colored Girls Who Have Considered Suicide / When the Rainbow Is Enuf [Para las niñas de color que han pensado en el suicidio / Cuando el arcoíris es suficiente], de Ntozake Shange. Scribner, 1989.

Monster [Monstruo], de Walter Dean Myers. HarperCollins, 1999.

The New Jim Crow [*El color de la justicia: la nueva segregación racial en Estados Unidos*], de Michelle Alexander. The New Press, 2010.

Black Cool: One Thousand Streams of Blackness [Black cool: mil corrientes de negritud], de Rebecca Walker. Soft Skull Press, 2012.

Long Division [División larga], de Kiese Laymon. Agate Bolden, 2013.

Brown Girl Dreaming [Los sueños de una niña morena], de Jacqueline Woodson. Putnam / Nancy Paulsen Books, 2014.

How It Went Down [Así es como sucedió], de Kekla Magoon. Henry Holt, 2014.

All American Boys [*Chicos típicamente americanos*], de Jason Reynolds y Brendan Kiely. Atheneum / Caitlyn Dlouhy Books, 2015.

Between the World and Me [*Entre el mundo y yo*], de Ta-Nehisi Coates. Spiegel & Grau, 2015.

March [La marcha] (vol. 1-3), de John Lewis. Top Shelf Productions, 2016.

Stamped from the Beginning [*Marcados al nacer*], de Ibrahim X. Kendi. Bold Type Books, 2016.

The Fire This Time [*Esta vez el fuego: Una nueva generación habla de la raza*], de Jesmyn Ward (ed.). Scribner, 2016.

Dear Martin [Querido Martin], de Nic Stone. Crown Books para lectores jóvenes, 2017.

Long Way Down [Largo camino hacia abajo], de Jason Reynolds. Atheneum / Caitlin Dlouhy Books, 2017.

Miles Morales: Spider-Man (una novela de Marvel YA), de Jason Reynolds. Marvel Press, 2017.

The Hate U Give [*El odio que das*], de Angie Thomas. Balzer + Bray, 2017.

Anger Is a Gift [La ira es un regalo], de Mark Oshiro. Tor Teen, 2018.

Barracoon [Barracón], de Zora Neale Hurston. Amistad, 2018.

Friday Black [Viernes Negro], de Nana Kwame Adjei-Brenyah. Houghton Mifflin Harcourt, 2018.

Ghost Boys [Niños fantasmas], de Jewell Parker Rhodes. Little, Brown Books for Young Readers, 2018.

Black Enough [Lo suficientemente negro], de Ibi Zoboi (ed.). Balzer + Bray, 2019.

How to Be an Antiracist [*Cómo ser antirracista*], de Ibram X. Kendi. One World, 2019.

Watch Us Rise [Míranos subir], de Renée Watson y Ellen Hagan. Bloomsbury, 2019.

NOTAS

INTRODUCCIÓN

1. "… los hombres jóvenes negros tenían *veintiún veces* más probabilidades de ser asesinados". Ver Ryan Gabrielson, Ryan Grochowski Jones y Eric Segara: "Deadly Force, in Black and White" [Fuerza mortal, en blanco y negro]. *ProPublica*: 10 de octubre de 2014; Rakesh Kochhar y Richard Fry: "Wealth Inequality Has Widened Along Racial, Ethnic Lines Since End of Great Recession" [La desigualdad de la riqueza se ha ampliado siguiendo líneas raciales y étnicas desde el final de la Gran Recesión]. Centro de Investigación Pew: 12 de diciembre de 2014. Disponible en <www.pewresearch.org/fact-tank/2014/12/12/racial-wealth-gaps-great-recession>; Sabrina Tavernise: "Racial Disparities in Life Spans Narrow, but Persist" [Las disparidades raciales en cuanto a la esperanza de vida se reducen, pero persisten]. *New York Times*: 18 de julio de 2013. Disponible en <www.nytimes.com/2013/07/18/health/racial-disparities-in-life-spans-narrow-but-persist.html>.

2. "… las personas negras […] deberían representar cerca del trece por ciento". Ver Leah Sakala: "Breaking Down Mass Incarceration

in the 2010 Census: State-by-State Incarceration Rates by Race/ Ethnicity" [Desglosando el encarcelamiento masivo en el censo de 2010: tasas de encarcelamiento Estado por Estado por raza/ etnia]. Prison Policy Initiative: 28 de mayo de 2014. Disponible en <www.prisonpolicy.org/reports/rates.html>; Matt Bruenig: "The Racial Wealth Gap" [La brecha de riqueza racial]. *American Prospect*: 6 de noviembre de 2013. Disponible en <http://prospect.org/article/racial-wealth-gap>.

3. "Históricamente, ha habido tres grupos involucrados". Ver Ruth Benedict: *Race: Science and Politics* [*Raza: ciencia y política*]. Nueva York: Modern Age Books, 1940; Ruth Benedict: *Race and Racism* [Raza y racismo]. Londres: G. Routledge and Sons, 1942.

SECCIÓN I: 1415-1728

CAPÍTULO 1: La historia del primer racista del mundo

1. "… escribió el cuento, una biografía de la vida y el comercio de esclavos del príncipe Enrique.". Ver P. E. Russell: *Prince Henry "the Navigator": A Life* [El príncipe Enrique, "el navegante": una vida]. New Haven, CT: Yale University Press, 2000, p. 6; Gomes Eanes de Zurara, Charles Raymond Beazley y Edgar Prestage: *Chronicle of the Discovery and Conquest of Guinea* [*Crónica del descubrimiento y conquista de Guinea*], 2 vols. Londres: Impreso para la Sociedad Hakluyt, 1896, pp. 1, 6, 7, 29.

2. "¿La tajada del príncipe Enrique, como una comisión de agente? Ciento ochenta y cinco esclavos". Ver Hugh Thomas: *The Slave Trade: The Story of the Atlantic Slave Trade, 1440-1870* [*La trata de esclavos. Historia del tráfico de seres humanos de 1440 a 1870*]. Nueva York: Simon and Schuster, 1997; Zurara, *et al.*: *Crónica*, pp. xx-xl; Russell: *El príncipe Enrique, "el navegante"*, p. 246.

3. "… la fuente de conocimiento de primera mano acerca del África ignota y de los pueblos africanos". Ver Zurara, *et al.*: *Crónica*, pp. lv-lviii; Francisco Bethencourt: *Racisms: From the Crusades to the Twentieth Century* [Racismos: desde las Cruzadas hasta el siglo veinte]. Princeton, Nueva Jersey: Princeton University Press, 2013, p. 187.

4. "Africanus se hizo eco de las opiniones de Zurara acerca de los africanos". Ver, John Pory y Robert Brown editores, Leo Africanus: *The History and Description of Africa*, 3 vols. [León el Africano, La historia y descripción de África]. Londres: Hakluyt Society, 1896, pp. 130, 187-190.

CAPÍTULO 2: Poder Puritano

1. "… esta teoría en realidad proviene de Aristóteles". Ver Bethencourt: *Racismos*, pp. 3, 13-15; David Goldenberg: "Racism, Color Symbolism, and Color Prejudice" [Racismo, simbolismo del color y prejuicio de color]. En Miriam Eliav-Feldon, Benjamin Isaac y Joseph Ziegler (eds.): *The Origins of Racism in the West* [Los orígenes del racismo en Occidente]. Cambridge, Reino Unido: Cambridge University Press, 2009, pp. 88-92; Aristóteles, editado y traducido por Ernest Barker: *The politics of Aristotle* [*Política*]. Oxford: Clarendon Press, 1946, 91253b; Peter Garnsey: *Ideas of Slavery from Aristotle to Augustine* [La concepción de la esclavitud de Aristóteles a Agustín]. Nueva York: Cambridge University Press, 1996, p. 114.

2. "… el escritor de viajes inglés George Best dedujo de ello". Ver Gary Taylor: *Buying Whiteness: Race, Culture, and Identity from Columbus to Hip Hop*, Signs of Race [Comprando blancura: raza, cultura e identidad desde Colón hasta el hiphop, Signos de raza]. Nueva York: Palgrave Macmillan, 2005, pp. 222-223; Joseph R.

Washington: *Anti-Blackness in English Religion, 1500-1800* [Antinegritud en la religión inglesa, 1500-1800]. Nueva York: E. Mellen Press, 1984, pp. 113-114.

3. "... el extraño concepto de que [...] la relación entre esclavo y amo era afectuosa". "William Perkins [...] sostenía que el esclavo era solo parte de una unidad familiar amorosa". Ver Everett H. Emerson: *John Cotton*. Nueva York: Twayne, 1965, pp. 18, 20, 37, 88, 98, 100, 108-109, 111, 131; Washington: *Antinegritud*, pp. 174-182.

4. "Llegaron a América tras unas travesías peligrosas". Ver Richard Mather: *Journal of Richard Mather: 1635, His Life and Death, 1670* [Diario de Richard Mather: 1635, su vida y muerte, 1670]. Boston: D. Clapp, 1850, pp. 27-28; "Great New England Hurricane of 1635 Even Worse Than Thought" [El gran huracán de Nueva Inglaterra de 1635 fue peor de lo que se pensaba]. *Associated Press*: 21 de noviembre de 2006.

5. "Ambos hombres eran pastores". Ver Samuel Eliot Morison: *The Founding of Harvard College* [La fundación de la Universidad de Harvard]. Cambridge, MA: Harvard University Press, 1935, pp. 242-243; Richard Mather, *et al.*: *The Whole Booke of Psalmes Faithfully Translated into English Metre* [El libro completo de salmos traducido fielmente con métrica inglesa]. Cambridge, MA: S. Daye, 1640; John Cotton: *Spiritual Milk for Boston Babes in Either England* [Leche espiritual para bebés de Boston en las dos Inglaterras]. Boston: S. G., para Hezekiah Usher, 1656; Christopher J. Lucas: *American Higher Education: A History* [*La educación superior estadounidense: una historia*], 2.ª ed. Nueva York: Palgrave Macmillan, 2006, pp. 109-110; Frederick Rudolph: *Curriculum: A History of the American Undergraduate Course of Study Since 1636* [Currículo: una historia del curso de estudios de pregrado estadounidense desde 1636]. San Francisco: Jossey-Bass, 1977, pp. 29-30.

6. "Cotton y Mather eran estudiosos de Aristóteles". "Según los puritanos, ellos eran mejores que…". Ver Bethencourt: *Racismos*, pp. 3, 13-15; Goldenberg: "Racismo", pp. 88-92; Aristóteles: *Políticas*, 91253b; Garnsey: *Ideas*, p. 114.

7. "… durante el desarrollo de Harvard". Ver Morison: *La Fundación*, pp. 242-243; Mather, *et al.*: *El libro completo de salmos*; Cotton: *Leche espiritual*; Lucas: *La educación superior estadounidense*, pp. 109-110, Rudolph: *Currículo*, pp. 29-30.

8. "… la primera persona nombrada a la cabeza de una asamblea legislativa". Ver John Meacham: *Thomas Jefferson: The Art of Power* [Thomas Jefferson: el arte del poder]. Nueva York: Random House, 2012, p. 5.

9. "Lo primero que hizo fue fijar el precio del tabaco". Ver Alden T. Vaughan: *Roots of American Racism: Essays on the Colonial Experience* [Las raíces del racismo estadounidense: ensayos sobre la experiencia colonial]. Nueva York: Oxford University Press, 1995, pp. 130-134.

10. "… un barco español llamado San Juan Bautista fue interceptado". Ver Tim Hashaw: *The Birth of Black America: The First African Americans and the Pursuit of Freedom at Jamestown* [El nacimiento de la América negra: los primeros afroamericanos y la búsqueda de la libertad en Jamestown]. Nueva York: Carroll & Graf, 2007, pp. xv-xvi.

11. "… los nuevos esclavos causarían un pequeño de conflicto entre ambos". Ver Edmund S. Morgan: *American Slavery, American Freedom: The Ordeal of Colonial Virginia* [La esclavitud estadounidense, la libertad estadounidense: El calvario de la Virginia colonial]. Nueva York: W. W. Norton, 1975, pp. 348-351; Parke Rouse: *James Blair of Virginia* [James Blair de Virginia]. Chapel Hill, University of North Carolina Press, 1971, pp. 16-22, 25-26,

30, 37-38, 40, 43, 71-73, 145, 147-148; Albert J. Raboteau: *Slave Religion: The "Invisible Institution" in the Antebellum South* [La religión esclava: la "institución invisible" en el Sur de la preguerra]. Nueva York, Oxford University Press, 1978, p. 100; Kenneth Silverman: *The Life and Times of Cotton Mather* [Vida y época de Cotton Mather]. Nueva York: Harper and Row, 1984, pp. 241-242.

CAPÍTULO 3: Un Adán diferente

1. "Apuntes sobre Baxter". Ver Richard Baxter: *A Christian Directory* [Un directorio cristiano]. Londres: Richard Edwards, 1825, pp. 216-220.
2. "Apuntes sobre Locke". Ver R. S. Woolhouse: *Locke: A Biography* [Locke: una biografía]. Cambridge, Reino Unido: Cambridge University Press, 2007, pp. 98, 276; Jeffrey Robert Young: "Introduction" [Introducción]. En Jeffrey Robert Young (ed.): *Proslavery and Sectional Thought in the Early South, 1740-1829: An Anthology* [Pensamiento a favor de la esclavitud y regional en el Sur temprano, 1740-1829: Una antología]. Columbia: University of South Carolina Press. 2006, p. 18.
3. "… un grupo de menonitas en Germantown, Pensilvania, se rebeló". Ver Washington: *Antinegritud*, pp. 460-461; Hildegard Binder-Johnson: "The Germantown Protest of 1688 Against Negro Slavery" [La protesta de Germantown de 1688 contra la esclavitud de los negros]. *Pennsylvania Magazine of History and Biography*:1941, 65, p. 151; Katharine Gerbner: "We Are Against the Traffik of Men-Body': The Germantown Quaker Protest of 1688 and the Origins of American Abolitionism" [Estamos en contra del tráfico de hombres: la protesta cuáquera de Germantown de 1688 y los orígenes del abolicionismo americano]. *Pennsylvania History: A Journal of Mid-Atlantic Studies*: 2007, 74(2),

pp. 159-166; Thomas: *La trata de esclavos*, p. 458; "William Edmundson". *The Friend: A Religious and Literary Journal*: 1833, 7(1), pp. 5-6.

4. "El conflicto entre los indígenas y los nuevos (blancos) americanos se había estado gestando". Ver Craig Steven Wilder: *Ebony & Ivy: Race, Slavery, and the Troubled History of America's Universities* [Ébano y hiedra: raza, esclavitud y la historia problemática de las universidades de Estados Unidos]. Nueva York: Bloomsbury Press, p. 40.

5. "Bacon no estaba molesto por el tema racial". Ver Ronald T. Takaki: *A Different Mirror: A History of Multicultural America* [Un espejo diferente: una historia de la América multicultural]. Boston: Little, Brown, 1993, pp. 63-68; Anthony S. Parent: *Foul Means: The Formation of a Slave Society in Virginia, 1660-1740* [Medios viles: la formación de una sociedad de esclavos en Virginia, 1660-1740]. Chapel Hill: University of North Carolina Press, 2003, pp. 126-127, 143-146; David R. Roediger: *How Race Survived U. S. History: From Settlement and Slavery to the Obama Phenomenon* [Cómo la raza sobrevivió a la historia de Estados Unidos: desde el asentamiento y la esclavitud hasta el fenómeno Obama]. Londres: Verso, 2008, pp. 19-20; Morgan: *La esclavitud estadounidense, la libertad estadounidense*, pp. 252-270, 328-329.

CAPÍTULO 4: Un niño prodigio racista

1. "… ellos tuvieron un nieto". Ver Washington: *Antinegritud*, pp. 455-456; Lorenzo J. Greene: *The Negro in Colonial New England, 1620-1776* [El negro en la Nueva Inglaterra colonial, 1620-1776]. Nueva York: Columbia University Press, 1942, p. 275; Young: "Introducción", pp. 19-21; Brycchan Carey: *From Peace to Freedom: Quaker Rhetoric and the Birth of American Antislavery, 1657-1761*

[De la paz a la libertad: La retórica cuáquera y el nacimiento del movimiento antiesclavista en América, 1657-1671]. New Haven, CT: Yale University Press, 2012, pp. 7-8.

2. "Cuando Cotton Mather se enteró de la rebelión de Bacon". Ver Silverman: *Vida y época de Cotton Mather*, Tony Williams: *The Pox and the Covenant: Mather, Franklin, and the Epidemic That Changed America's Destiny* [La viruela y la Alianza: Mather, Franklin y la epidemia que cambió el destino de América]. Naperville, IL: Sourcebooks, 2010, p. 34.

3. "Sabía que era especial". Ver Robert Middlekauff: *The Mathers: Three Generations of Puritan Intellectuals, 1596-1728* [La familia Mather: tres generaciones de intelectuales puritanos, 1596-1728]. Nueva York: Oxford University Press, 1971, pp. 198-199; Ralph Philip Boas y Louise Schutz Boas: *Cotton Mather: Keeper of the Puritan Conscience* [Cotton Mather: el guardián de la conciencia puritana]. Handem, CT: Archon Books, 1964, pp. 27-31.

4. "Debido a que se sentía tan inseguro a causa de su defecto de habla". Ver Greene: *El negro en la Nueva Inglaterra colonial*, p. 237; Silverman: *Vida y época de Cotton Mather*, pp. 31, 36-37, 159-160.

5. "Mather escribió un libro". Ver Philip Jenkins: *Intimate Enemies: Moral Panics in Contemporary Great Britain* [Enemigos íntimos: pánicos morales en la Gran Bretaña contemporánea]. Nueva York: Aldine de Gruyter, 1992, pp. 3-5; Silverman: *Vida y época de Cotton Mather*, pp. 84-85.

6. "… nadie le echó gasolina a la hoguera de la brujería como un pastor". Ver Edward J. Blum y Paul Harvey: *The Color of Christ: The Son of God & the Saga of Race in America* [El color de Cristo: el hijo de Dios y la saga de la raza en Estados Unidos]. Chapel Hill: University of North Carolina Press, 2012, pp. 20-21, 27, 40-41; Silverman: *Vida y época de Cotton Mather*, pp. 88-89.

7. "… desvió la atención de lo político a lo religioso". Ver Charles Wentworth Upham: *Salem Witchcraft; with an Account of Salem Village, a History of Opinions on Witchcraft and Kindred Subjects* [La brujería en Salem; con una crónica de la aldea de Salem, una historia de opiniones sobre la brujería y temas afines], vol. 1. Boston: Wiggin y Lunt, 1867, pp. 411-412; Blum y Harvey: *El color de Cristo*, pp. 27-28; Boas y Boas: *Cotton Mather*, pp. 109-110.

8. "… las autoridades de Massachusetts se disculparon". Ver Silverman: *Vida y época de Cotton Mather*, pp. 83-120; Thomas N. Ingersoll: "'Riches and Honour Were Rejected by Them as Loathsome Vomit': The Fear of Leveling in New England" ["Las riquezas y el honor fueron rechazados por ellos como vómito repugnante": el miedo a la nivelación en Nueva Inglaterra]. En Carla Gardina Pestana y Sharon Vineberg Salinger (eds.): *Inequality in Early America* [Desigualdad en la América temprana]. Hanover, NH: University Press of New England, 1999, pp. 46-54.

9. "… las ideas y los escritos de Cotton Mather se difundieron". Ver Cotton Mather: *Diary of Cotton Mather, 1681-1724* [Diario de Cotton Mather, 1681-1724], 2 vols., vol. 1. Boston: The Society, 1911, pp. 226-229; Silverman: *Vida y época de Cotton Mather*, pp. 262-263; Parent: *Medios viles*, pp. 86-89.

10. "A medida que crecía la población de esclavos". Ver Parent: *Medios viles*, pp. 120-123; Morgan: *La esclavitud estadounidense, la libertad estadounidense*, pp. 330-344; Greene: *El negro en la Nueva Inglaterra colonial*, p. 171.

11. "… los esclavizadores se volvieron más abiertos". Ver Greene: *El negro en la Nueva Inglaterra colonial*, pp. 275-276; Jon Sensbach: "Slaves to Intolerance: African American Christianity and Religious Freedom in Early America" [Esclavos de la intolerancia: cristianismo afroamericano y libertad religiosa en la América

temprana]. En Chris Beneke y Christopher S. Grenda (eds.): *The First Prejudice: Religious Tolerance and Intolerance in Early America* [El primer prejuicio: la tolerancia religiosa y la intolerancia en la América temprana]. Filadelfia: University of Pennsylvania Press, 2011, pp. 208-209; Kenneth P. Minkema: "Jonathan Edwards's Defense of Slavery" [La defensa de la esclavitud de Jonathan Edwards]. *Massachusetts Historical Review*: 2002, 4, pp. 23, 24, 40; Francis D. Adams y Barry Sanders: *Alienable Rights: The Exclusion of African Americans in a White Man's Land, 1619-2000* [Derechos alienables: la exclusión de los afroamericanos en la tierra del hombre blanco, 1619-2000]. Nueva York: HarperCollins, 2003, pp. 40-41.

12. "Cotton Mather siguió envejeciendo". Ver Silverman: *Vida y época de Cotton Mather*, pp. 372-419.

SECCIÓN II: 1743 - 1826

CAPÍTULO 5: La prueba por la poesía

1. "Franklin fundó en Filadelfia un club llamado la Sociedad Filosófica Americana". Ver Benjamin Franklin: "A Proposal for Promoting Useful Knowledge Among the British Plantations in America" [Una propuesta para promover el conocimiento útil entre las plantaciones británicas en Estados Unidos]. *Transactions of the Literary and Philosophical Society of New York*: 1815, 1(1), pp. 89-90.

2. "… en un hogar donde invitaban a los indígenas". Ver Thomas Jefferson: "To John Adams" [A John Adams]. En H. A. Washington (ed.): *The Writings of Thomas Jefferson* [Los escritos de Thomas Jefferson]. Washington D. C.: Taylor and Maury, 1854, p. 61.

3. "… cuando sus 'amigos' africanos comenzaron a contarle sobre los horrores". Ver Thomas Jefferson: *Notes on the State of Virginia*

[Notas sobre el Estado de Virginia]. Londres: J. Stockdale, 1787, p. 271.

4. "Phillies Wheatley estaba bajo el microscopio". Ver Henry Louis Gates: *The Trials of Phillis Wheatley: America's First Black Poet and Her Encounters with the Founding Fathers* [Las pruebas de Phillis Wheatley: la primera poeta negra de Estados Unidos y sus encuentros con los padres fundadores]. Nueva York: Basic Civitas, 2010, p. 14.

5. "… una cautiva traída en un barco". Ver Vincent Carretta: *Phillis Wheatley: Biography of a Genius in Bondage* [Phillis Wheatley: biografía de un genio en cautiverio]. Athens: University of Georgia Press, 2011, pp. 4-5, 7-8, 12-14; Kathryn Seidler Engberg: *The Right to Write: The Literary Politics of Anne Bradstreet and Phillis Wheatley* [El derecho a escribir: las políticas literaria de Anne Bradstreet y Phillis Wheatley]. Lanham, MD: University Press of America, 2010, pp. 35-36.

6. "Y como era una 'hija'". Ver Carretta: *Phillis Wheatley*, pp. 1-17, 37-38.

7. "… reunió a dieciocho de los hombres más inteligentes del país". Ver Gates: *Las pruebas de Philis Wheatley*, p. 14.

8. "Wheatley se encontraba en Londres donde la exhibían como una superestrella". Ver Carretta: *Phillis Wheatley*, pp. 91, 95-98; Gates: *Las pruebas de Phillis Wheatley*, pp. 33-34; Phillis Wheatley: *Poems on Various Subjects, Religious and Moral* [Poemas sobre diversos temas, religiosos y morales]. Londres: A. Bell, 1773.

CAPÍTULO 8: Las notas de Jefferson

1. "… se sentó a escribir la Declaración de Independencia". Ver Meacham: *Thomas Jefferson*, p. 103.

2. "Huían por decenas de las plantaciones de todo el Sur". Ver Jacqueline Jones: *A Dreadful Deceit: The Myth of Race from the Colonial*

Era to Obama's America [Un engaño espantoso: el mito de la raza desde la era colonial hasta la América de Obama]. Nueva York: Basic Books, 2013, p. 64.

3. "… la esclavitud era una "guerra cruel contra la naturaleza humana"". Ver Joseph J. Ellis: *American Sphinx: The Character of Thomas Jefferson* [Esfinge americana: el carácter de Thomas Jefferson]. Nueva York: Alfred A. Knopf, 1997, pp. 27-71; Meacham: *Thomas Jefferson*, p. 106.

4. "… expresó sus verdaderos pensamientos acerca de los negros". Ver Jefferson: *Notas sobre el Estado de Virginia*, p. 229.

5. "… inteligentes herreros, zapateros, albañiles". Ver Herbert Aptheker: *Anti-Racism in U.S.*

    History: The First Two Hundred Years [Antirracismo en la historia de Estados Unidos: los primeros doscientos años]. Nueva York: Greenwood Press, 1992, pp. 47-48.

6. "Huyó. A Francia". Ver Meacham: *Thomas Jefferson*, pp. xxvi, 144, 146, 175, 180.

7. "Jefferson les estaba pidiendo a sus esclavos que trabajaran más duro". Adams y Sanders: *Derechos alienables*, pp. 88-89; Meacham: *Thomas Jefferson*, pp. 188-189; Thomas Jefferson: "To Brissot de Warville, February 11, 1788" [A Brissot de Warville, 11 de febrero de 1788]. En Thomas Jefferson: The Papers of Thomas Jefferson [Los documentos de Thomas Jefferson], vol. 12: 7 de agosto de 1787 al 31 de marzo de 1788. Julian P. Boyd, et al. (eds.). Princeton University Press, 1955, pp. 577-578.

8. "Cinco esclavos equivalían a tres humanos". Ver David O Stewart: *The Summer of 1787: The Men Who Invented the Constitution* [El verano de 1787: los hombres que inventaron la Constitución]. Nueva York: Simon and Schuster, 2007, pp. 68-81.

9. "… africanos esclavizados en Haití se levantaron contra el dominio francés". Ver Meacham: *Thomas Jefferson*, pp. 231-235, 239, 241 249, 254.

CAPÍTULO 9: La persuasión edificante

1. "… los abolicionistas instaban a las personas recién liberadas". Ver Leon F. Litwack: *North of Slavery: The Negro in the Free States, 1790-1860* [Al norte de la esclavitud: el *Negro* en los Estados libres, 1790-1860]. Chicago: University of Chicago Press, 1961, pp. 18-19; Joanne Pope Melish: "The 'Condition' Debate and Racial Discourse in the Antebellum North" [El debate sobre la "condición" y el discurso racial en el Norte de la preguerra]. *Journal of the Early Republic:* 1999, 19(4), pp. 651-657, 661-665.

CAPÍTULO 10: Un hombre de grandes contradicciones

1. "Los Prosser estaban planeando una revuelta de esclavos". Ver Herbert Aptheker: *American Negro Slave Revolts* [Las revueltas de los esclavos negros norteamericanos]. Nueva York: International Publishers, 1963, pp. 222-223.

2. "… del suelo de la esclavitud brotaron nuevas ideas racistas". Ver Larry E. Tise: *Proslavery: A History of the Defense of Slavery in America, 1701-1840* [Proesclavitud: historia de la defensa de la esclavitud en América, 1701-1840]. Athens: University of Georgia Press, 1987, p. 58.

3. "Charles Fenton Mercer, y un clérigo antiesclavista". Ver Charles Fenton Mercer: *An Exposition of the Weakness and Inefficiency of the Government of the United States of North America* [Una puesta en evidencia de la debilidad e ineficiencia del gobierno de los Estados Unidos de Norteamérica]. [s. l.], [s. e.], 1845, pp. 173, 284.

4. "Las personas negras no querían 'volver'". Ver Scott L. Malcolmson: *One Drop of Blood: The American Misadventure of Race* [Una gota de sangre: la desventura estadounidense de la raza]. Nueva York: Farrar, Straus y Giroux, 2000, p. 191; Robert: "Thoughts on the Colonization of Free Blacks" [Pensamientos acerca de la colonización de los negros libres]. *African Repository and Colonial Journal*: 1834, 9, pp. 332-334.

5. "… no hizo nada para detener la esclavitud doméstica". Ver Angela Y. Davis: *Women, Race & Class* [*Mujeres, raza y clase*]. Nueva York: Vintage Books, 1983, p. 7; Thomas: *La trata de esclavos*, pp. 551-552, 568-572; Peter Kolchin: *American Slavery, 1619-1877* [Esclavitud americana, 1619-1877], ed. rev. Nueva York, Hill and Wang, 2003, pp. 93-95; Thomas Jefferson: "To John W. Eppes, June 30, 1820" [Para John W. Eppes, 30 de junio de 1820]. En Edwin Morris Betts (ed.): *Thomas Jefferson's Farm Book: With Commentary and Relevant Extracts from Other Writings* [Libro de granja de Thomas Jefferson: con comentarios y extractos relevantes de otros escritos]. Princeton, Nueva Jersey: Princeton University Press, 1953, p. 46.

6. "… casi como si estuviera enviando enviando a los negros de regreso a casa luego de una estadía en un campamento de vacaciones". Ver "Thomas Jefferson to Jared Sparks Monticello, February 4, 1824" [Thomas Jefferson a Jared Sparks Monticello, 4 de febrero de 1824]. American History: *The Letters of Thomas Jefferson, 1743-1826* [Las cartas de Thomas Jefferson, 1743-1826]. Disponible en <www.let.rug.nl/usa/presidents/thomas-jefferson/letters-of-thomas-jefferson/jefl276.php>.

7. "Estaba tan enfermo que no pudo asistir la celebración de los cincuenta años". Meacham: *Thomas Jefferson*, p. 488.

8. "Jefferson parecía estar luchando por mantenerse con vida". Ver Silvio A. Bedini: *Thomas Jefferson: Statesman of Science* [Thomas Jefferson: estadista de la ciencia]. Nueva York: Macmillan, 1990, pp. 478-480; Meacham: *Thomas Jefferson*, pp. 48, 492-496.

SECCIÓN III: 1826-1879

CAPÍTULO 11: Comunicación masiva para una emancipación masiva

1. "… esos legados estaban profundamente entretejidos con la esclavitud". Ver Wilder: Ébano y hiedra, pp. 255, 256, 259, 265-266.

2. "Garrison se había inclinado más a favor de abolicionismo". Ver Henry Mayer: *All on Fire: William Lloyd Garrison and the Abolition of Slavery* [Todo en llamas: William Lloyd Garrison y la abolición de la esclavitud]. Nueva York: St. Martin's Press, 1998, pp. 62-68.

3. "En su primer artículo editorial, Garrison cambió su perspectiva". Ver William Lloyd Garrison: "To the Public" [Al público]. *Liberator*: 1 de enero de 1831.

4. "… había sido llamado por Dios para planear y ejecutar una cruzada masiva". Ver Aptheker: *Las revueltas de esclavos negros estadounidenses*, pp. 293-295, 300-307; Blum y Harvey: *El color de Cristo*, p. 123; Nat Turner y Thomas R. Gray: *The Confessions of Nat Turner* [Las confesiones de Nat Turner]. Richmond: T. R. Gray, 1832, pp. 9-10.

5. "… sus miembros decidieron confiar en la nueva tecnología de impresión en serie". Ver Mayer: *Todo en llamas*, p. 195; Russell B. Nye: *William Lloyd Garrison and the Humanitarian Reformers*, Library of American Biography [William Lloyd Garrison y los reformadores humanitarios, Biblioteca de biografías estadounidenses]. Boston: Little, Brown, 1955, pp. 81-82.

CAPÍTULO 12: El tío Tom

1. "… el padre de la antropología estadounidense, estaba midiendo calaveras humanas". Ver Samuel George Morton: *Crania Americana*. Filadelfia: J. Dobson, 1839, pp. 1-7.

2. "… los negros libres eran dementes". Ver Edward Jarvis: "Statistics of Insanity in the United States" [Estadísticas de la demencia en los Estados Unidos]. *Boston Medical and Surgical Journal*: 1842, 27(7), pp. 116-121.

3. "… había existido un Egipto 'blanco' que tenía esclavos negros". Ver William Ragan Stanton: *The Leopard's Spots: Scientific Attitudes toward Race in America, 1815-59* [Las manchas del leopardo: actitudes científicas respecto a la raza en Estados Unidos, 1815-59]. Chicago: University of Chicago Press, 1960, pp. 45-53, 60-65; George M. Fredrickson: *The Black Image in the White Mind: The Debate on Afro-American Character and Destiny, 1817-1914* [La imagen negra en la mente blanca: el debate sobre el carácter y el destino afroamericano, 1817-1914]. Middletown, CT: Wesleyan University Press, 1987, pp. 74-75; H. Shelton Smith: *In His Image, But…: Racism in Southern Religion, 1780-1910* [A su imagen, pero…: El racismo en la religión sureña, 1780-1910]. Durham, NC: Duke University Press, 1972, p. 144; Litwack: *Al norte de la esclavitud*, p. 46.

4. "… en Estados Unidos, los políticos que estaban a favor de la esclavitud —ahora con Texas como estado esclavista". Ver Juan González y Joseph Torres: *News for All the People: The Epic Story of Race and the American Media* [Noticias para todos: la historia épica de la raza y los medios estadounidenses]. Londres: Verso, 2011, pp. 118-119.

CAPÍTULO 13: Abe el Complicado

1. "Si la mano de obra era gratuita, ¿qué se esperaba exactamente que hicieran los blancos pobres para ganar dinero?". Ver Hinton Rowan Helper: *The Impending Crisis of the South: How to Meet It* [La inminente crisis del Sur: cómo afrontarla]. Nueva York: Burdick Brothers, 1857, p. 184.

2. "Garrison, aunque crítico de Lincoln, se guardó sus críticas". Ver Mayer: *Todo en llamas*, pp. 474-477.

3. "... empezó con Carolina del Sur. Se separaron de la Unión". Ver Yale Law School, Lillian Goldman Law Library. The Avalon Project: Documents in Law, History and Diplomacy: "Declaration of the Immediate Causes Which Induce and Justify Secession of South Carolina from the Federal Union" [Declaración de las causas inmediatas que inducen y justifican la secesión de Carolina del Sur de la Unión Federal]. Disponible en <http://avalon.law.yale.edu/19th_century/csa_scarsec.asp>; Roediger: *Cómo la raza sobrevivió a la historia de Estados Unidos*, pp. 70-71; Eric Foner: *Reconstruction: America's Unfinished Revolution, 1863-1877* [Reconstrucción: la revolución inacabada de Estados Unidos, 1863-1877]. Nueva York: Perennial Classics, 2002, p. 25; Eric Foner: *The Fiery Trial: Abraham Lincoln and American Slavery* [La prueba de fuego: Abraham Lincoln y la esclavitud estadounidense]. Nueva York: W. W. Norton, 2010, pp. 146-147; Myron O. Stachiw: "'For the Sake of Commerce': Slavery, Antislavery, and Northern Industry" ['Por el bien del comercio': esclavitud, antiesclavitud e industria del Norte]. En David Roediger y Martin H. Blatt (eds.): *The Meaning of Slavery in the North* [El significado de la esclavitud en el Norte]. Nueva York: Garland, 1998, pp. 33-35.

4. "Los soldados de la Unión estaban haciendo cumplir la Ley de Esclavos Fugitivos". Ver William C. Davis: *Look Away!: A History*

of the Confederate States of America [¡Mira hacia otro lado!: Una historia de los estados confederados de Estados Unidos]. Nueva York, Free Press, 2002, pp. 142-143.

5. "'Todas las personas mantenidas como esclavas en de cualquier Estado'". Ver Abraham Lincoln: "Preliminary Emancipation Proclamation" [Versión preliminar de la Proclamación de Emancipación]. National Archives and Records Administration: 22 de septiembre de 1862. Disponible en <www.archives.gov/exhibits/american_originals_iv/sections/transcript_preliminary_emancipation.html>.

6. "… cuatrocientos mil negros habían escapado de sus plantaciones". Ver Foner: *La prueba de fuego*, pp. 238-247; Paul D. Escott: *"What Shall We Do with the Negro?" Lincoln, White Racism, and Civil War America* ["¿Qué haremos con los negros?". Lincoln, el racismo blanco y la América de la Guerra Civil]. Charlottesville: University of Virginia Press, 2009, pp. 62-63.

7. "¿De qué servía ser libres si no tenían adónde ir?". Ver "Account of a Meeting of Black Religious Leaders in Savannah, Georgia, with the Secretary of War and the Commander of the Military Division of the Mississippi" [Relato de una reunión de líderes religiosos negros en Savannah, Georgia, con el secretario de guerra y el comandante de la división militar del Mississippi]. En Ira Berlin, *et al.* (ed.): *Freedom: A Documentary History of Emancipation, 1861-1867* [*Libertad: historia documental de la emancipación, 1861-1867*], serie 1, vol. 3. Nueva York: Cambridge University Press, 1982, pp. 334-335.

8. "Se acercaban a él en la calle". Ver Foner: *Reconstrucción*, p. 73.

9. "… que las personas negras (las inteligentes) deberían tener derecho al voto". Ver Foner: *Reconstrucción*, pp. 31, 67-68; Foner: *La prueba de fuego*, pp. 330-331.

10. "... recibiera un disparo en la nuca". Ver Terry Alford: *Fortune's Fool: The Life of John Wilkes Booth* [Juguete del destino: la vida de John Wilkes Booth]. Nueva York: Oxford University Press, 2015, p. 257.

CAPÍTULO 14: La última batalla de Garrison

1. "... su obra como abolicionista había terminado". Ver Foner: *Reconstrucción*, p. 67; Adams y Sanders: *Derechos alienables*, pp. 196-197; Hans L. Trefousse: *Andrew Johnson: A Biography* [Andrew Johnson: una biografía]. Nueva York: W. W. Norton, 1989, p. 183; Clifton R. Hall: *Andrew Johnson: Military Governor of Tennessee* [Andrew Johnson: Gobernador militar de Tennessee]. Princeton, Nueva Jersey: Princeton University Press, 1916, p. 102.

2. "... que no se le pudiera negar el derecho al voto a nadie". Ver Foner: *Reconstrucción*, pp. 446-447; Fredrickson: *La imagen negra en la mente blanca*, pp. 185-186; C. Vann Woodward: *American Counterpoint: Slavery and Racism in the North-South Dialogue* [Contrapunto estadounidense: Esclavitud y racismo en el diálogo Norte-Sur]. Boston: Little, Brown, 1971, pp. 177-179.

3. "Las personas negras, desde Boston hasta Richmond". Ver Forrest G. Wood: *Black Scare: The Racist Response to Emancipation and Reconstruction* [Miedo Negro: La respuesta racista a la emancipación y la reconstrucción]. Berkeley: University of California Press, 1968, p. 102.

4. "Había querido la emancipación inmediata". Ver Adams y Sanders: *Derechos alienables*, p. 228; Foner: *Reconstrucción*: pp. 598-602; Mayer: *Todo en llamas*, pp. 624-626.

NOTAS

SECCIÓN IV: 1968-1963

CAPÍTULO 15: La batalla de los cerebros negros

1. "Willie enfrentó su primera experiencia racial". Ver David Levering Lewis: *W. E. B. Du Bois: Biography of a Race, 1868-1919* [W. E. B. Du Bois: biografía de una raza, 1868-1919]. Nueva York: Henry Holt, 1993, pp. 11-37.

2. "... enviaron al joven Willie a la Universidad Fisk". Ver Lewis: *W. E. B. Du Bois, 1868-1919*, pp. 51-76.

3. "... reconoció a Jefferson Davis". Ver Lewis: *W. E. B. Du Bois, 1868-1919*, pp. 100-102.

4. "... los mulatos eran prácticamente lo mismo que cualquier hombre blanco". Ver Albert Bushnell Hart: *The Southern South* [El Sur sureño]. Nueva York: D. Appleton, 1910, pp. 99-105, 134; Lewis: *W. E. B. Du Bois, 1868-1919*, pp. 111-113.

5. "Du Bois no era el único hombre negro". Ver Paula J. Giddings: *When and Where I enter* [Cuándo y dónde entro], p. 18; Ida B. Wells: *Southern Horrors: Lynch Law in All Its Phases* [Los horrores del sur: el linchamiento en todas sus fases]. Nueva York: New York Age, 1892. Disponible en <www.gutenberg.org/files/14975/14975-h/14975-h.htm>; Adams y Sanders: *Derechos alienables*, pp. 231-232.

6. "... reveló que, de una muestra de setecientos veintiocho reportes de linchamientos". Ver Giddings: *Cuándo y dónde entro*, p. 18; Ida B. Wells: *Los horrores del sur*; Adams y Sanders: *Derechos alienables*, pp. 231-232.

7. Para saber más acerca del activismo privado de Washington por los derechos civiles, consulta David H. Jackson: *Booker T. Washington and the Struggle Against White Supremacy: The Southern Educational Tours, 1908-1912* [Booker T. Washington y la lucha contra la

supremacía blanca: Las giras educativas por el Sur, 1908-1912].
Nueva York: Palgrave Macmillan, 2008; David H. Jackson: *A Chief
Lieutenant of the Tuskegee Machine: Charles Banks of Mississippi*
[Lugarteniente en jefe de la máquina de Tuskegee: Charles Banks
de Mississippi]. Gainesville: University Press of Florida, 2002.

8. "... —historias de salvadores blancos— se estaban convirtiendo en
    un tópico en los medios de comunicación estadounidenses". Ver
    Booker T. Washington: *Up from Slavery: An Autobiography* [Ascenso desde la esclavitud]. Nueva York: Doubleday, Page, 1901.

9. "Du Bois introdujo la idea de una conciencia doble". Ver Aptheker:
    Antirracismo en la historia de Estados Unidos, p. 25; W. E. B. Du
    Bois: *The Souls of Black Folk: Essays and Sketches* [Las almas del
    pueblo negro]. Chicago: A. C. McClurg, 1903, pp. 11-12.

10. "... una de cada diez era digna del trabajo". Ver Du Bois: *Las almas
    del pueblo negro*, p. 53.

11. "... había establecido similitudes entre la forma en que se maltrataba a su gente en Alemania". Ver Sander Gilman: *Jewish Frontiers:
    Essays on Bodies, Histories, and Identities* [Fronteras judías: Ensayos sobre cuerpos, historias e identidades]. Nueva York: Palgrave
    Macmillan, 2003, p. 89.

12. "Una historia africana que no era de inferioridad". Ver Michael
    Yudell: *Race Unmasked: Biology and Race in the Twentieth Century*
    [Raza desenmascarada: Biología y raza en el siglo veinte]. Nueva
    York: Columbia University Press, 2014, pp. 48-49; W. E. B. Du
    Bois: *Black Folk Then and Now: An Essay in the History and Sociology
    of the Negro Race* [El pueblo negro entonces y ahora: Un ensayo sobre la historia y la sociología de la raza negra]. Nueva York: Henry
    Holt, 1939, p. vii.

13. "Ciento sesenta y siete soldados, para ser exactos". Ver Lewis:
    W. E. B. Du Bois, 1868-1919, pp. 331-333; Theodore Roosevelt:

"Sixth Annual Message" [Sexto mensaje anual]. En Gerhard Peters y John T. Woolley, The American Presidency Project: 3 de diciembre de 1906. Disponible en <https://www.presidency.ucsb.edu/documents/sixth-annual-message-4>.

14. "Washington también fue receptor de aquella indignación". Ver Lewis: *W. E. B. Du Bois, 1868-1919*, p. 332.

CAPÍTULO 16: Jack Johnson contra Tarzán

1. "Lo arrestaron bajo los cargos falsos". Ver John Gilbert: *Knuckles and Gloves* [Nudillos y guantes]. Londres: W. Collins Sons, 1922, p. 45; González y Torres: *Noticias para todos*, pp. 209-211; Geoffrey C. Ward: *Unforgivable Blackness: The Rise and Fall of Jack Johnson* [La negritud imperdonable: Ascenso y Caída de Jack Johnson]. Nueva York: Alfred A. Knopf, 2004, pp. 115-116.

2. "Se convirtió en un fenómeno cultural". Ver Curtis A. Keim: *Mistaking Africa: Curiosities and Inventions of the American Mind* [Malinterpretación de África: Curiosidades e invenciones de la mente estadounidense], 3.ª ed. Boulder: Westview Press, 2014, p. 48; Emily S. Rosenberg: *Financial Missionaries to the World: The Politics and Culture of Dollar Diplomacy, 1900-1930* [Misioneros financieros para el mundo: Política y cultura de la diplomacia del dólar, 1900-1930]. Durham, NC: Duke University Press, 2003, pp. 201-203.

CAPÍTULO 18: La misión la dice el nombre

1. "¿Quién crees que vendió más libros?". Ver W. E. B. Du Bois: *The Autobiography of W. E. B. Du Bois: A Soliloquy on Viewing My Life from the Last Decade of Its First Century* [La autobiografía de W. E. B. Du Bois: Un soliloquio sobre la visión de mi vida desde la última década de su primer siglo]. Nueva York: International Publishers, 1968, pp. 227-229.

2. "... tuvo dudas acerca de si la NAACP era una organización negra". Ver David Levering Lewis: *W. E. B. Du Bois: The Fight for Equality and the American Century, 1919-1963* [W. E. B. Du Bois: la Lucha por la igualdad y el siglo estadounidense, 1919-1963]. Nueva York: Henry Holt, 1993, pp. 50-55.

3. "... que por ser tratados decentemente en el extranjero se fueran a envalentonar". Ver Ira Katznelson: *When Affirmative Action Was White: An Untold History of Racial Inequality in Twentieth-Century America* [Cuando la acción afirmativa era blanca: La historia desconocida de desigualdad racial en los Estados Unidos del siglo XX]. Nueva York: W. W. Norton, 2005, pp. 84-86.

4. "... en 1919, cuando muchos de esos soldados regresaron de la guerra". Ver Katznelson: *Cuando la acción afirmativa era blanca*, pp. 84-86.

5. "El verano de 1919 fue el más sangriento". Ver Cameron McWhirter: *Red Summer: The Summer of 1919 and the Awakening of Black America* [Verano rojo: El verano de 1919 y el despertar de la América negra]. Nueva York: Henry Holt, 2011, pp. 10, 12-17, 56-59.

6. "... una de las cosas más revolucionarias que hizo en esos ensayos". Ver W. E. B. Du Bois: *Darkwater: Voices from Within the Veil* [Darkwater: Voces desde dentro del velo]. Nueva York: Harcourt, Brace y Howe, 1920, pp. 166, 168, 185-186.

7. "... actuaba como si fuera mejor persona negra". Ver Lewis: *W. E. B. Du Bois, 1919-1963*, pp. 20-23.

8. "... si no eras como él —de piel clara y supereducado—". Ver Kathy Russell-Cole, Midge Wilson y Ronald E. Hall: *The Color Complex: The Politics of Skin Color Among African Americans* [El complejo del color: La política del color de la piel entre los afroamericanos]. Nueva York: Harcourt, Brace, Jovanovich, 1992,

pp. 26, 30-32; Giddings: *Cuándo y dónde entro*, p. 178; Lewis: *W. E. B. Du Bois, 1919-1963*, pp. 66-71.

9. "… lo acusó de fraude postal". Ver Lewis: *W. E. B. Du Bois, 1919-1963*, pp. 77-84, 118-128, 148-152.

CAPÍTULO 19: No se puede eliminar cantando, bailando y escribiendo

1. "… conoció a muchos de los jóvenes artistas negros". Ver Lewis: *W. E. B. Du Bois, 1919-1963*, pp. 153-159, 161-166; Alain Locke: "The New Negro" [El nuevo negro]. En Alain Locke (ed.): *The New Negro: Voices of the Harlem Renaissance* [El nuevo negro: Voces del Renacimiento de Harlem]. Nueva York: Simon y Schuster, 1992, p. 15.

2. "En 1926, surgió un grupo de artistas que asumió una postura de resistencia". Ver Valerie Boyd: *Wrapped in Rainbows: The Life of Zora Neale Hurston* [Envuelta en arcoíris: la vida de Zora Neale Hurston]. Nueva York: Simon and Schuster, 1997, pp. 116-119; Wallace Thurman: *The Blacker the Berry* [Cuanto más negra es la baya]. Nueva York: Simon y Schuster, 1996.

3. "… estaba bien ser un artista negro sin tener que sentir inseguridad". Ver Langston Hughes: "The Negro Artist and the Racial Mountain" [El artista negro y la montaña racial]. *The Nation*: junio de 1926.

4. "… que blancos inocentes habían sido torturados". Ver Claude G. Bowers: *The Tragic Era: The Revolution After Lincoln* [La era trágica: La revolución después de Lincoln]. Cambridge, MA: Riverside, 1929, p. vi.

5. "… la Reconstrucción había sido sofocada". Ver Lewis: *W. E. B. Du Bois, 1919-1963*, pp. 320-324; W. E. B. Du Bois: *Black Reconstruction in America: An Essay Towards a History of the Part Which Black Folk Played in the Attempt to Reconstruct Democracy*

in America, 1860-1880 [La reconstrucción negra en América: Contribución a una historia del rol que desempeñó el pueblo negro en el intento de reconstruir la democracia en América, 1860-1880]. Nueva York: Atheneum, 1971, pp. 700, 725; David R. Roediger: *The Wages of Whiteness: Race and the Making of the American Working Class* [El salario de la blancura: La raza y la formación de la clase obrera estadounidense], ed. rev. Londres, Verso, 2007.

6   "Pero en 1933, Du Bois ya no quería tener nada que ver con este método". Ver Lewis: *W. E. B. Du Bois, 1919-1963*, pp. 256-265, 299-301, 306-311.

7. "… criticando a las universidades negras por tener programas de estudio centrados en el etnocentrismo blanco". Ver Lewis: *W. E. B. Du Bois, 1919-1963*, pp. 295-297, 300-314; James D. Anderson: *The Education of Blacks in the South, 1860-1935* [La educación de los negros en el Sur, 1860-1935]. Chapel Hill: University of North Carolina Press, 1988, pp. 276-277; Carter G. Woodson: *The Miseducation of the Negro* [La ineducación de las personas negras]. Mineola, NY: Dover, 2005, p. 55.

8. "… hay un lugar, tal vez incluso de gran consecuencia, para una separación voluntaria no discriminatoria.". Ver W. E. B. Du Bois: "On Being Ashamed" [Sobre la vergüenza]. *The Crisis*: septiembre de 1933; W. E. B. Du Bois: "Pan-Africa and New Racial Philosophy" [Panáfrica y la nueva filosofía racial]. *The Crisis*: noviembre de 1933; W. E. B. Du Bois: "Segregation" [Segregación]. *The Crisis*: enero de 1934.

CAPÍTULO 20: El hogar es donde está el odio

1. "Estos delegados no repitieron la solicitud políticamente racista". Ver Lewis: *W. E. B. Du Bois, 1919-1963*, pp. 510-515.

2. "… Y ese problema racial estaba comenzando a afectar sus relaciones en el mundo entero". Ver Robert L. Fleeger: "Theodore G. Bilbo and the Decline of Public Racism, 1938-1947" [Theodore G. Bilbo y el declive del racismo público, 1938-1947]. *Journal of Mississippi History*: 2006, 68(1), pp. 2-3.

3. "El 2 de febrero de 1948, Truman instó al Congreso". Ver Harry S. Truman: "Special Message to the Congress on Civil Rights" [Mensaje especial al Congreso sobre los derechos civiles]. En Gerhard Peters y John T. Woolley, The American Presidency Project: 2 de febrero de 1948. Disponible en <https://www.presidency.ucsb.edu/documents/special-message-the-congress-civil-rights-1>; Robert A. Caro: *Means of Ascent: The Years of Lyndon Johnson* [Medios de ascenso: Los años de Lyndon Johnson], vol. 2. Nueva York: Vintage, 1990, p. 125; Francis Njubi Nesbitt: *Race for Sanctions: African Americans Against Apartheid, 1946-1994* [Lucha por las sanciones: Afroamericanos contra el apartheid, 1946-1994]. Bloomington, Indiana University Press, 2004, pp. 9-10.

4. "Esto provocó el movimiento de vivienda abierta". Ver Thomas J. Sugrue: *The Origins of the Urban Crisis: Race and Inequality in Postwar Detroit*, Princeton Studies in American Politics [Los orígenes de la crisis urbana: raza y desigualdad en el Detroit de la posguerra, Estudios de Princeton de política estadounidense]. Princeton, Nueva Jersey: Princeton University Press, 1996, pp. 181-258; Douglas S. Massey y Nancy A. Denton: *American Apartheid: Segregation and the Making of the Underclass* [Apartheid estadounidense: La segregación y la creación de una subclase]. Cambridge, MA: Harvard University Press, 1993, pp. 49-51.

5. "… la segregación racial en las escuelas públicas era inconstitucional". Ver *Brown v. Board of Education of Topeka* [Brown contra la Junta de Educación de Topeka]. 347 U.S. 483 (1954). Disponible

en <https://supreme.justia.com/cases/federal/us/347/483/case. html#T10>.

6. "… los estudiantes estaban organizando sentadas". Ver Lewis: *W. E. B. Du Bois, 1919-1963*, p. 566.

7. "*Matar a un ruiseñor* era, básicamente, *La cabaña del tío Tom*". Ver Isaac Saney: "The Case Against To Kill a Mockingbird" [El caso contra *Matar a un ruiseñor*]. *Race & Class*: 2003, 45(1), pp. 99-110.

8. "'Hoy estamos comprometidos en una lucha mundial'". Ver Mary L. Dudziak: *Cold War Civil Rights: Race and the Image of American Democracy* [Derechos civiles de la guerra fría: la raza y la imagen de la democracia estadounidense]. Princeton, Nueva Jersey: Princeton University Press, 2000, pp. 169-187.

9. "W. E. B. Du Bois había muerto". Ver Dudziak: *Derechos civiles de la guerra fría*, pp. 187-200, 216-219; Du Bois: *W. E. B. Du Bois, 1868-1919*, p. 2.

SECCIÓN V: 1963-Presente

CAPÍTULO 21: Cuando la muerte llega

1. "Conocía esos nombres". Ver Angela Y. Davis: *Angela Davis: An Autobiography* [*Autobiografía*]. Nueva York: International Publishers, 1988, pp. 128-131.

2. "… ella nunca —a pesar de la presión— desearía ser blanca". Ver Davis: *Autobiografía*, pp. 77-99.

3. "… personas blancas no podían darse cuenta de que ellos no eran el modelo". Ver Davis: *Autobiografía*, pp. 101-112.

4. "… un complejo de inferioridad impuesto". Ver Davis: *Autobiografía*, pp. 117-127.

5. "Lanzó una investigación". Ver John F. Kennedy: "Statement by the President on the Sunday Bombing in Birmingham" [Declara-

ción del presidente sobre el atentado del domingo en Birmingham]. Gerhard Peters y John T Wolley: The American Presidency Project: 16 de septiembre de 1963. Disponible en <https://www.presidency. ucsb.edu/documents/statement-the-president-the-sunday-bombing-birmingham>.

6. "... el proyecto de ley de derechos civiles en el que Kennedy había estado trabajando". Ver Lyndon B. Johnson: "Address to a Joint Session of Congress" [Discurso en una sesión conjunta del Congreso], 27 de noviembre de 1963. *Public Papers of the Presidents of the United States: Lyndon B. Johnson, 1963-64* [Documentos públicos de los presidentes de los Estados Unidos, Lyndon B. Johnson, 1963-64], vol. 1, entrada 11. Washington D. C.: Imprenta del Gobierno de Estados Unidos, 1965, pp. 8-10.

7. "¿Quién iba a asegurarse de que se cumplieran las leyes?". Ver Dudziak: *Derechos civiles de la Guerra Fría*, pp. 208-214, 219-231; Malcolm X: "Appeal to African Heads of State" [Llamamiento a los jefes de Estado africanos]. En George Breitman (ed.): *Malcolm X Speaks: Selected Speeches and Statements* [Malcolm X habla: selección de discursos y declaraciones]. Nueva York: Grove Press, 1965, p. 76.

8. "... todos —el Norte y el Sur— odiaban a las personas negras". Ver Dan T. Carter: *The Politics of Rage: George Wallace, the Origins of the New Conservatism, and the Transformation of American Politics* [Las políticas de la ira: George Wallace, los orígenes del nuevo conservadurismo y la transformación de la política estadounidense]. Baton Rouge: Louisiana State University Press, 2000, p. 344.

9. "... la ayuda social que los blancos habían estado recibiendo". Ver Adams y Sanders: *Derechos alienables*, pp. 287-291; Barry M. Goldwater: *The Conscience of a Conservative* [*La conciencia de un conservador*]. Washington D. C.: Regnery, 1994, p. 67.

10. "¿Qué influencia les había otorgado al SNCC y al MFDP?". Ver Chana Kai Lee: *For Freedom's Sake: The Life of Fannie Lou Hamer, Women in American History* [Por el bien de la libertad: La vida de Fannie Lou Hamer. Mujeres en la historia de Estados Unidos]. Urbana, University of Illinois Press, 1999, pp. 89, 99; Cleveland Sellers y Robert L. Terrell: *The River of No Return: The Autobiography of a Black Militant and the Life and Death of SNCC* [El río sin retorno, la autobiografía de un militante negro y la vida y muerte del SNCC]. Jackson: University Press of Mississippi, 1990, p. 111.

11. "Cuando James Baldwin". "Cuando el Dr. Martin Luther King". Ver "Baldwin Blames White Supremacy" [Baldwin culpa a la supremacía blanca]. *New York Post*: 22 de febrero de 1965; Telegrama de Martin Luther King Jr. a Betty al-Shabazz, 26 de febrero de 1965. The Martin Luther King Jr. Research and Education Institute, Stanford University. Disponible en < https://kinginstitute.stanford.edu/encyclopedia/malcolm-x>.

12. "La vida de Malcolm X una vida extraña y lastimosamente malgastada". Ver "Malcolm X", editorial. *New York Times*: 22 de febrero de 1965.

13. "Malcolm X afirmó que estaba a favor de la verdad". Ver Eliot Fremont-Smith: "An Eloquent Testament" [Un testamento elocuente]. *New York Times*: 5 de noviembre de 1965; Malcolm X y Alex Haley: *The Autobiography of Malcolm X* [*Malcolm X. Autobiografía contada a Alex Haley*]. Nueva York: Ballantine, 1999.

14. "... la Ley de Derecho al Voto se convirtió en la legislación antirracista más efectiva". Ver Cámara de Representantes de los Estados Unidos: "Voting Rights Act of 1965" [Ley de Derecho al Voto de 1965]. Informe de la cámara 439, 89.º Congreso, 1.ª sesión. Washington D. C.: Imprenta del gobierno de Estados Unidos, 1965, p. 3.

CAPÍTULO 22: Poder Negro

1. "... el rol racista del simbolismo en el lenguaje". Ver Davis: *Autobiografía*, pp. 133-139; Russell-Cole, *et al.*: *El complejo del color*, pp. 59-61.

2. "... *black* era para los antirracistas". Ver Ayana D. Byrd y Lori L. Tharps: *Hair Story: Untangling the Roots of Black Hair in America* [Historia del cabello: Desenredando las raíces del cabello negro en Estados Unidos]. Nueva York: St. Martin's Press, 2001.

3. "Ahora vamos a empezar a decir ¡*Black Power!* ¡Poder negro!". Ver Peniel E. Joseph: *Waiting 'Til the Midnight Hour: A Narrative History of Black Power in America* [Esperando hasta la medianoche: Una historia narrativa del Poder Negro en Estados Unidos]. Nueva York: Henry Holt, 2006, pp. 141-142.

4. "La plataforma de diez puntos". Ver Joshua Bloom y Waldo E. Martin: *Black Against Empire: The History and Politics of the Black Panther Party* [Negro contra el imperio: La historia y la política del Partido Pantera Negra]. Berkeley: University of California Press, 2013, pp. 70-73.

5. "...reforzó el movimiento del Poder Negro". Ver "New Black Consciousness Takes Over College Campus" [La nueva conciencia negra se apodera del campus universitario]. *Chicago Defender*: 4 de diciembre de 1967.

6. "... a iniciar departamentos, programas y cursos de Estudios negros". Ver Ibram H. Rogers: *The Black Campus Movement: Black Students and the Racial Reconstitution of Higher Education, 1965-1972* [El movimiento universitario negro: Los estudiantes negros y la reconstitución racial de la educación superior, 1965-1972]. Nueva York: Palgrave Macmillan, 2012, p. 114; Hillel Black: *The American Schoolbook* [El libro escolar estadounidense]. Nueva York: Morrow, 1967, p. 106; Joseph Moreau: *Schoolbook Nation: Conflicts*

over American History Textbooks from the Civil War to the Present [La Nación del libro escolar: Conflictos en torno a los libros de texto de historia estadounidense desde la Guerra Civil hasta el presente]. Ann Arbor: University of Michigan Press, 2003.

7. "… trabajar en la campaña de la primera mujer negra en postularse para la presidencia de Estados Unidos". Ver Davis: *Autobiografía*, pp. 180-191.

CAPÍTULO 23: El asesinato fue el caso

1. "… lo hacía sin nunca hablar de "negros" y "blancos"". Ver Dan T. Carter: *From George Wallace to Newt Gingrich: Race in the Conservative Counterrevolution* [De George Wallace a Newt Gingrich: La raza en la contrarrevolución conservadora]. Baton Rouge, Louisiana State University Press, 1996, p. 27; John Ehrlichman: *Witness to Power: The Nixon Years* [Testigo del poder: los años de Nixon]. Nueva York: Simon and Schuster, 1982, p. 223.

2. "… la denominación asignada por los historiadores: "la estrategia sureña"". Ver Carter: *De George Wallace a Newt Gingrich*, p. 27; Ehrlichman: *Testigo del poder*, p. 223.

3. "… bastaba que fuera miembro del Partido Comunista". Ver Davis: *Autobiografía*, pp. 216-223; Hutchinson: *Betrayed: A History of Presidential Failure to Protect Black Lives* [Traicionados: Una historia de fracaso presidencial en proteger las vidas negras]. Boulder: Westview Press, 1996, pp. 145-149.

4. "… fueron acusados de asesinar a un guardia". Ver Davis: *Autobiografía*, pp. 250-255, 263-266.

5. "No se sentiría libre hasta que no pudiera". Ver: Davis: *Autobiografía*, p. 359.

6. "… la masculinidad negra asustaba a los hombres blancos". Ver Charles Herbert Stember: *Sexual Racism: The Emotional Barrier to*

an Integrated Society [Racismo sexual: La barrera emocional para una sociedad integrada]. Nueva York: Elsevier, 1976.

7. "... desde la perspectiva de ser negra y lesbiana". Ver Audre Lorde: "Age, Race, Class, and Sex: Women Redefining Difference" [Edad, raza, clase y sexo: Las mujeres redefinen la diferencia]. En Audre Lorde (ed.): *Sister Outsider: Essays and Speeches* [La hermana, la extranjera: Artículos y conferencias]. Berkeley, CA: Crossing Press, 2007, p. 115.

8. "Ntozake Shange usó su energía creativa y antirracista". Ver Salamishah Tillet: "Black Feminism, Tyler Perry Style" [Feminismo negro al estilo Tyler Perry]. *The Root*: 11 de noviembre de 2010. Disponible en <https://www.theroot.com/black-feminism-tyler-perry-style-1790881575>.

9. "Rocky simbolizaba el orgullo de la masculinidad supremacista blanca que se negaba a ser eliminada". Ver Ed Guerrero: *Framing Blackness: The African American Image in Film* [Enmarcando la negritud: La imagen afroamericana en el cine]. Filadelfia: Temple University Press, 1993, pp. 113-138.

CAPÍTULO 24: ¿Cuál guerra contra las drogas?

1. "... solo el dos por ciento de los estadounidenses consideraba que las drogas eran el problema más apremiante de Estados Unidos". Ver Michael K. Brown, *et al.*: *Whitewashing Race: The Myth of a Color-Blind Society* [Raza blanqueadora: el mito de una sociedad daltónica]. Berkeley: University of California Press, 2003, pp. 136-137; Michelle Alexander: *The New Jim Crow: Mass Incarceration in the Age of Colorblindness* [*El color de la justicia: la nueva segregación racial en Estados Unidos*]. Nueva York: New Press, 2010, pp. 5-7, 49; Julian Roberts: "Public Opinion, Crime, and Criminal Justice" [Opinión pública, crimen y justicia penal]. En Michael

Tonry (ed.): *Crime and Justice: A Review of Research* [Crimen y justicia: una revisión de la investigación], vol. 16. Chicago: University of Chicago Press, 1992; Ronald Reagan: "Remarks on Signing Executive Order 12368, Concerning Federal Drug Abuse Policy Functions" [Comentarios sobre la firma de la orden ejecutiva 12368, relativa a las funciones de la política federal de abuso de drogas]. Gerhard Peters y John T. Woolley, The American Presidency Project: 24 de junio de 1982. Disponible en <https://www.presidency.ucsb.edu/documents/remarks-signing-executive-order-12368-concerning-federal-drug-abuse-policy-functions>.

2. "Reagan redobló la guerra contra las drogas". Ver "Reagan Signs Anti-Drug Measure; Hopes for 'Drug-Free Generation'" [Reagan firma una medida antidrogas; espera una "generación libre de drogas"]. *New York Times*: 28 de octubre de 1986. Disponible en <www.nytimes.com/1986/10/28/us/reagan-signs-anti-drug-measure-hopes-for-drug-gree-generation.html>.

3. "Encarcelamiento masivo de personas negras". Ver The Sentencing Project: "Crack Cocaine Sentencing Policy: Unjustified and Unreasonable" [El Proyecto Sentencias (organización dedicada al examen de las políticas de imposición de penas): "La política de imposición de la pena para el crack y la cocaína: injustificada e inaceptable"]. Abril de 1997.

4. "Charles Krauthammer, inventó el término *crack baby*". Ver Charles Krauthammer: "Children of Cocaine" [Hijos de la cocaína]. *Washington Post*: 30 de julio de 1989.

5. "No había ningún argumento científico para demostrar nada de esto". Ver Washington: *Apartheid médico*, pp. 212-215; "'Crack Baby' Study Ends with Unexpected but Clear Result" [El estudio "*crack baby*" termina con un resultado inesperado, pero claro (: el crack no tiene que ver sino la pobreza y la violencia)]. *Philadelphia*

Inquirer: 22 de julio de 2013. Disponible en <https://www.inquirer.com/philly/health/20130721__Crack_baby__study_ends_with_unexpected_but_clear_result.html>.

CAPÍTULO 25: La música del dolor y la subversión

1. "… los hombres negros fueron los únicos que produjeron películas negras importantes". Ver Guerrero: *Enmarcando la negritud*, pp. 157-167.

2. "Clarence Thomas había sido acusado". Ver Manning Marable: *Race, Reform, and Rebellion: The Second Reconstruction and Beyond in Black America, 1945-2006* [Raza, reforma y rebelión: la segunda reconstrucción y más allá en la América negra, 1945-2006]. Jackson: University Press of Mississippi, 2007, pp. 216-217; Earl Ofari Hutchinson: *The Assassination of the Black Male Image* [El asesinato de la imagen masculina negra]. Nueva York: Simon and Schuster, 1996, pp. 63-70; Duchess Harris: *Black Feminist Politics from Kennedy to Clinton*, Contemporary Black History [Las políticas feministas negras de Kennedy a Clinton, Historia negra contemporánea]. Nueva York: Palgrave Macmillan, 2009, pp. 90-98; Deborah Grey White: *Too Heavy a Load: Black Women in Defense of Themselves, 1894-1994* [Una carga demasiado pesada: Las mujeres negras en defensa de sí mismas, 1894-1994]. Nueva York: W. W. Norton, 1999, pp. 15-16.

3. "… se había apartado del Partido Comunista". Ver Joy James: "Introduction" [Introducción]. En Joy James (ed.): *The Angela Y. Davis Reader* [Escritos de Angela Y. Davis]. Malden, MA: Blackwell, 1998, pp. 9-10.

4. "… propuso un "nuevo abolicionismo"". Ver Angela Y. Davis: "Black Women and the Academy" [Las mujeres negras y la academia]. En *Escritos de Angela Y. Davis*, pp. 222-231.

5. "Ley de Control de Delitos Violentos y Aplicación de la Ley".
Ver Alexander: *El color de la justicia*, pp. 55-59; Marable: *Raza,
reforma y rebelión*, pp. 218-219; Bill Clinton: "1994 State of the
Union Address" [Discurso del estado de la Unión de 1994], 25
de enero de 1994. Disponible en <www.washingtonpost.com/wp-
srv/politics/special/states/docs/sou94.htm>; Ben Schreckinger y
Annie Karni: "Hillary's Criminal Justice Plan: Reverse Bill's Poli-
cies" [El plan de justicia penal de Hillary: revertir las políticas de
Bill]. *Politico*: 30 de abril de 2014. Disponible en <www.politico.
com/story/2015/04/hillary-clintons-criminal-justice-plan-rever-
se-Bills-policies-117488>.

CAPÍTULO 26: Un millón de personas

1. "… eran intelectualmente inferiores debido a la genética o al entorno". Ver Richard J. Herrnstein y Charles A. Murray: *The Bell
Curve: Intelligence and Class Structure in American Life* [La curva
en forma de campana: inteligencia y estructura de clases en la vida
estadounidense]. Nueva York: Free Press, 1994, pp. xxv, 1-24, 311-
312, 551; Dorothy E. Roberts: *Killing the Black Body: Race, Re-
production, and the Meaning of Liberty* [Matar al cuerpo negro: La
raza, la reproducción y el significado de la libertad]. Nueva York:
Pantheon Books, 1997, p. 270.

2. "Los nuevos republicanos dieron a conocer su extremadamente
duro "Contrato con América"". Ver "Republican Contract with
America" [El contrato republicano con Estados Unidos], 1994.
Disponible en <http://web.archive.org/web/19990427174200/
http://www.house.gov/house/Contract/CONTRACT.html>.

3. "… intentaron, una vez más, hacer que despidieran a Angela
Davis". Ver Marina Budhos: "Angela Davis Appointed to Ma-
jor Chair" [Angela Davis nombrada a una cátedra importante].

Journal of Blacks in Higher Education: 1995, 7, pp. 44-45; Manning Marable: "Along the Color Line: In Defense of Angela Davis" [Siguiendo con la segregación racial: en defensa de Angela Davis]. *Michigan Citizen*: 22 de abril de 1995.

4. "En 1995, el académico John J. Dilulio, de la Universidad de Princeton, creó el término *superdepredador*". Ver B. W. Burston, D. Jones y P. Robertson-Saunders: "Drug Use and African Americans: Myth Versus Reality" [El consumo de drogas y los afroamericanos: Mito versus realidad]. *Journal of Alcohol and Drug Education*: 1995, 40, pp. 19-39; Alexander: *El color de la justicia*, pp. 122-125; John J. Dilulio, Jr.: "The Coming of the Super Predators" [La llegada de los superdepredadores]. *Weekly Standard*: 27 de noviembre de 1995.

5. "… tuvo deficiencias a causa de su sexismo". Ver "Black Women Are Split over All-Male March on Washington" [Las mujeres negras están divididas a propósito de la marcha exclusivamente masculina a Washington]. *New York Times*: 14 de octubre de 1995.

6. "… se publicó un libro con sus comentarios". Ver Mumia Abu-Jamal: *Live from Death Row* [En vivo desde el corredor de la muerte]. Nueva York: HarperCollins, 1996, pp. 4-5.

7. "… debido a las protestas, a Mumia se le concedió una suspensión indefinida". Ver "August 12 'Day of Protest' Continues Despite Mumia's Stay of Execution" [El "día de protesta" del 12 de agosto continúa a pesar de la suspensión de la ejecución de Mumia]. *Sun Reporter*: 10 de agosto de 1995; Kathleen Cleaver: "Mobilizing for Mumia Abu-Jamal in Paris" [Movilización por Mumia Abu-Jamal en París]. En Kathleen Cleaver y George N. Katsiaficas (eds.): *Liberation, Imagination, and the Black Panther Party: A New Look at the Panthers and Their Legacy* [Liberación, imaginación y el Partido Pantera Negra: una nueva mirada sobre las Panteras y su legado]. Nueva York: Routledge, 2001, pp. 51-68.

8. "… se comprometió a liderar "al pueblo estadounidense en un diálogo grandioso y sin precedentes sobre la raza"". Ver William J. Clinton: "Commencement Address at the University of California San Diego in La Jolla, California" [Discurso de graduación en la Universidad de California de San Diego en La Jolla, California]. Gerhard Peters y John T. Woolley, The American Presidency Project: 14 de junio de 1997. Disponible en < https://www.presidency.ucsb.edu/node/223924>.

CAPÍTULO 27: Una ley de más

1. "'El concepto de raza no tiene base genética ni científica'". Ver "Remarks Made by the President, Prime Minister Tony Blair of England (via satellite), Dr. Francis Collins, Director of the National Human Genome Research Institute, and Dr. Craig Venter, President and Chief Scientific Officer, Celera Genomics Corporation, on the Completion of the First Survey of the Entire Human Genome Project" [Declaraciones del presidente, el primer ministro Tony Blair de Inglaterra (vía satélite), el Dr. Francis Collins, director del Instituto Nacional de Investigación del Genoma Humano, y el Dr. Craig Venter, presidente y director científico de la corporación Celera Genomics, tras la Finalización de la Primera Encuesta del Proyecto del Genoma Humano Entero]. 26 de junio de 2000. Disponible en <https://www.genome.gov/10001356>.

2. "Y esa diferencia del 0.1 por ciento entre humanos *debe* ser racial". Ver Nicholas Wade: "For Genome Mappers, the Tricky Terrain of Race Requires Some Careful Navigating" [Para los mapeadores del genoma, el complicado terreno de la raza requiere una navegación cuidadosa]. *New York Times*: 28 de julio de 2001.

3. "… el presidente Bush condenó a los 'malhechores'". Ver Marable: *Raza, reforma y rebelión*, pp. 240-243.

4. "Una vez más, se culpó a los niños negros". Ver Marable: *Raza, reforma y rebelión*, p. 247.

5. "Barack Obama echó por tierra el mensaje de Cosby". Ver "Transcript: Illinois Senate Candidate Barack Obama" [Transcripción: candidato al Senado de Illinois, Barack Obama]. *Washington Post*: 27 de julio de 2004.

CAPÍTULO 28: Un milagro y todavía un tal vez

1. "… afirmaba estar exento de ser un '*negro* extraordinario'". Ver Barack Obama: *Dreams from My Father: A Story of Race and Inheritance* [*Los sueños de mi padre: una historia de raza y herencia*]. New York: Three Rivers Press, 2004, pp. 98-100.

2. "… si el sur de Luisiana sufría "el impacto directo de un gran huracán"". Ver "Washing Away" [Arrasando]. *New Orleans Times-Picayune*: 23 al 27 de junio de 2002; Jessie Daniels: *Cyber Racism: White Supremacy Online and the New Attack on Civil Rights, Perspectives on a Multiracial America* [Ciberracismo: Supremacía blanca en línea y el nuevo ataque a los derechos civiles, perspectivas sobre una América multirracial]. Lanham, MD: Rowman y Littlefield, 2009, pp. 117-155; Naomi Klein: *The Shock Doctrine: The Rise of Disaster Capitalism* [*La doctrina del shock: El auge del capitalismo del desastre*]. Nueva York: Metropolitan Books / Henry Holt, 2007.

3. "…habló con sinceridad sobre sus sentimientos por un país que había trabajado horas extras para matarlo a él y a su gente". Ver "Obama's Pastor: God Damn America, U.S. to Blame for 9/11" [Pastor de Obama: Dios maldiga a América, Estados Unidos tiene la culpa del 11 de septiembre]. *ABC News*: 13 de marzo de 2008. Disponible en <http://abcnews.go.com/Blotter/DemocraticDebate/story?id=4443788>.

4. "Angela Davis, votó por uno de los principales partidos políticos por primera vez en su vida como votante". Ver "On Revolution: A Conversation Between Grace Lee Boggs and Angela Davis" [Sobre la revolución: una conversación entre Grace Lee Boggs y Angela Davis]. Universidad de California, Berkeley, video y transcripción: 2 de marzo de 2012. Disponible en <www.radioproject.org/2012/02/grace-lee-boggs-berkeley/>.

5. "Alicia Garza, Patrisse Cullors y Opal Tometi fundaron el movimiento #BlackLivesMatter". Ver "Meet the Woman Who Coined #BlackLivesMatter" [Conoce a la mujer que acuñó la consigna #BlackLivesMatter]. *USA Today*: 4 de marzo de 2015. Disponible en <www.usatoday.com/story/tech/2015/03/04/alicia-garza-black-lives-matter/24341593/>.

JASON REYNOLDS

Es un autor *bestseller* del *New York Times*. Ha sido galardonado con la Medalla Newbery y el Premio Printz. Fue finalista del National Book Award (Premio Nacional del Libro) y ha recibido numerosas distinciones, entre las que se encuentran el Premio Kirkus, el Premio Walter Dean Myers —del que fue merecedor en dos ocasiones—, el Premio Image del NAACP y múltiples premios Coretta Scott King. Fue el portavoz de la Asociación Estadounidense de Libreros en 2017 y 2018 para la campaña Indies First. Entre sus múltiples libros, se encuentran *When I Was the Greatest* [Cuando yo era el mejor]; *The Boy in the Black Suit* [El niño del traje negro]; *Chicos típicamente americanos* (coescrito con Brendan Kiely); *As Brave as You* [Tan valiente como tú]; *For Every One* [Para todos]; la serie Track (*Ghost, Patina, Sunny y Lu*); *Long Way Down* [Largo camino hacia abajo], que recibió menciones tanto del premio Newbery como del Printz; y *Look Both Ways* [Mira a ambos lados]. Vive en Washington D. C. Te invita a visitarlo en línea en <JasonWritesBooks.com>.

IBRAM X. KENDI

Es un autor *bestseller* del *New York Times* y director ejecutivo fundador del Centro de Investigación y Políticas Antirracistas de la American University. Profesor de historia y relaciones internacionales y, con frecuencia, orador, Kendi colabora como escritor en *The Atlantic*. Es el autor de *Marcados al nacer*, título ganador del National Book Award en la categoría de no ficción en 2016. También es el autor del *bestseller* del New York Times *Cómo ser antirracista* y del título galardonado *The Black Campus Movement* [El Movimiento Campus Negro]. Kendi ha escrito numerosos ensayos para publicaciones como *The New York Times*, *The Washington Post*, *The Guardian*, *Time* y *Root*. Obtuvo su título universitario en la Florida A&M University y su doctorado en Temple University. Vive en Washington D. C. Te invita a visitarlo en línea en <IbramXKendi.com>.